Cuando nada es seguro, *todo* es posible

Eirene García

Cuando nada es seguro, *todo* es posible

Cómo atravesar los cambios y abrirte a lo que viene

Penguin
Random House
Grupo Editorial

Primera edición: mayo de 2026

© 2026, Eirene García
© 2026, Penguin Random House Grupo Editorial, S. A. U.
Travessera de Gràcia, 47-49. 08021 Barcelona
Imágenes de interior: iStock

Printed in Spain - Impreso en España

ISBN: 978-84-02-43111-0
Depósito legal: B-4.334-2026

Compuesto en Fotoletra, S. L.
Impreso en Gómez Aparicio, S. L.
Casarrubuelos (Madrid)

BG 3 1 1 1 0

ÍNDICE

SOBRE LOS RELATOS Y EJEMPLOS DE CASO

En este libro he recogido experiencias que he vivido de primera mano, así como relatos ficticios basados en hechos reales de algunas de las personas a las que he acompañado en consulta. Estas historias han sido modificadas y ficcionalizadas a fondo con la intención de salvaguardar y respetar su intimidad y privacidad. Del mismo modo, los nombres que he usado son ficticios, por lo que cualquier parecido con la realidad es mera coincidencia.

INTRODUCCIÓN
LA VIDA SE MUEVE, TANTO CUANDO QUIERES COMO CUANDO NO

El 5 de marzo de 1992, poco antes de las siete de la mañana, mis padres se despedían en la puerta de nuestra casa, en el barrio de La Chanca de Almería. Llovía. De repente notaron un temblor y varias piedras enormes, una de ellas de ocho toneladas, se desprendieron desde el cerro de las Cuevas de las Palomas y aplastaron la casa que había al lado de la nuestra y parte de otras. A mi padre no lo pilló ninguna roca de milagro. Llamó a emergencias mientras mi madre corría a despertarnos a mi hermano y a mí para sacarnos de allí. Nos dejó en casa de una vecina que vivía en una zona no afectada. Esa mañana fue la última vez que pisé lo que fue mi casa. A mis padres les permitieron entrar al día siguiente a coger algo de ropa y las pertenencias imprescindibles, porque había riesgo de que se produjesen más desprendimientos. El Ayuntamiento de la ciudad expropió las casas de la zona. Nunca pude volver a dormir en esa cama, ni a jugar con mis amigas ni con mis juguetes favoritos, que aún recuerdo con mucha nostalgia: la casa de muñecas de madera que me regaló mi abuela, los Pinypon, el Baby Feber que conseguí a fuerza de aprenderme las tablas de multiplicar, unos patines ajustables que llegaron de casa de mi abuela una Navidad.

Hay muchas cosas que no recuerdo y otras apenas. Pero lo que sí permanece es la sensación de que, **de un día para otro, la vida que conocíamos desapareció**. Como si alguien hubiera apagado la luz de tu mundo mientras dormías y te despertaras en la oscuridad y el vacío. Como si de un plumazo se te hubiera borrado del mapa. Era la misma sensación de invisibilidad que Patrick Ness describe en *Un monstruo viene a verme*: «Si nadie te ve, ¿de verdad existes?».

Nos desalojaron y esa noche dormimos en La Calamina, un colegio de los marianistas. Pasamos varios días sin saber qué sería de nosotros, pues dependíamos de la buena voluntad de amigos y conocidos. La situación fue muy difícil por muchos motivos. ¿Cómo crees que se sienten una niña y su familia a las que, de la noche a la mañana, un desastre natural les ha arrebatado su mundo?

La incertidumbre era enorme. Mi madre se volcó en buscar un techo para nosotros y para nuestros vecinos, en reclamar ayuda, en sostener nuestros miedos y en darnos seguridad, aunque ella también vivía en un mundo que se había vuelto frágil. Mi padre, dentro de sus circunstancias laborales, apoyó en lo que pudo. Cuando les pregunté para refrescar la memoria, ambos coincidieron en que, a nivel emocional, los sostuvo su fe.

Mi hermano, con seis años, solo pensaba en que podría haber muerto y en que, de haberlo hecho, estaría montando en patinete con Dios, porque seguro que habría ido al cielo.

Tras mucha insistencia, mi madre consiguió que nos dieran una habitación en un hostal. Vivimos allí tres meses. De ese tiempo recuerdo hacer un puzle de Blancanieves que me regalaron mis padres. Mi padre me retaba a hacerlo cada vez más rápido. También escuchaba y bailaba música infantil con un walkman con altavoces que me regalaron para la comunión. El puzle era mi pasatiempo; la música, mi compañía.

Mientras te cuento aquellas tardes en el hostal, te invito a poner la *playlist* que me acompañó mientras escribía parte de este libro. La hizo un amigo que conoce bien los cambios de la vida. Estas canciones me arroparon entonces y quizá también te acompañen a ti mientras recorres estas páginas.

Cuando el *shock* inicial se mezcló con rabia y tristeza, escribí, alentada por mi madre, una carta al periódico para contar cómo me sentía. Recuerdo explicar que éramos como fantasmas, que no importábamos a nadie. Para una niña, tres meses en una habitación ajena suponen una eternidad. **Era como una especie de limbo.** Era un sitio donde dormir, pero no una casa propia. No sabía cuánto tiempo duraría ese «algo transitorio».

Al fin, el Ayuntamiento nos alojó en un piso de alquiler que encontró mi madre con mucho esfuerzo, porque nadie quería aceptar las condiciones que ofrecían. Recuerdo que parecía sacado de una película de terror por el papel pintado, los muebles antiguos y un olor muy particular.

Y es curioso cómo ese olor ha vuelto a mí al escribir esto. Aunque en realidad no es extraño: los olores están profundamente ligados a las emociones y a la memoria, y por eso basta con recordar para volver a experimentarlos. Ese olor denso, quieto, de aire atrapado en el tiempo… Así huele una casa que ha pasado demasiados meses sin habitarse. Así olía nuestra vida entonces: suspendida, deshabitada, como si la fachada siguiera en pie pero todo lo del interior se hallara en ruinas.

Ese es el olor del desarraigo. No se trata de perder una casa, sino de quedarse sin el hogar que construyen las personas que la habitan. **Es la sensación de quedarte fuera de juego, de no tener lugar en el mundo y de que, de algún modo, el mundo ha dejado de tener sentido.**

Si estás leyendo este libro tal vez sea porque también has vivido o estás viviendo un cambio que sientes como un derrumbe, un sunami, algo inesperado que ha cambiado tu vida de la noche a la mañana, como nos pasó a nosotros. O quizá has vivido algo inesperado en el polo opuesto: un suceso positivo que, igualmente, te ha roto los esquemas.

Entendemos que, si pasa algo bueno que nos cambia la vida de algún modo, el malestar no ha de tener lugar ni cabida.

Pero la realidad es que los cambios a mejor también pueden hacer tambalear nuestro mundo interno, además del externo.

Te ofrezco un buen ejemplo: una persona me pidió ayuda después de que le tocara la lotería. Aunque que era algo bueno, le produjo muchos sentimientos encontrados, cantidad de dudas y preguntas acerca de su futuro, de su vida actual, de sus relaciones, de lo que habría pasado si hubiese compartido el número con sus allegados y familiares.

Tal vez estos ejemplos no te resuenen y tú hayas tenido algún cambio elegido que, aunque deseas, supone muchas otras modificaciones que dan vértigo o que pueden doler. Un cambio de trabajo, de casa, de ciudad. Un cambio de etapa vital, como empezar la universidad o hacer un máster. Obtener un trabajo por primera vez. Plantearte tener hijos o no. Y haber decidido que sí quieres y no haber podido tenerlos. Seguir con tu pareja o dejarlo. Convertirte en madre o padre, con todos los cambios que eso supone. Tener un bebé y que nazca sin vida. Que los hijos se hayan hecho mayores y el nido se haya quedado vacío. Que haya muerto alguien a quien quieres, de manera esperada o inesperada. O, si eres una mujer en plena perimenopausia, que estés más perdida que el barco del arroz, preguntándote si tienes TDAH porque lo has visto en las redes aunque en realidad lo que te pasa es que tu cerebro y tu cuerpo están cambiando para darle la bienvenida a la siguiente etapa en tu ciclo vital.

En este punto, quizá hayas notado que **estoy utilizando como genérico el género femenino**. Esto no es porque quiera excluir a nadie, sino más bien todo lo contrario. Creo que la palabra más inclusiva es «persona», que alude a todo el mundo. El masculino lleva siglos usándose como el universal o el neutro, pero que siempre haya sido así no significa que esté bien. Si queremos construir un mundo más equitativo, también necesitamos cambiar y empezar a hacer las cosas de otra manera, incluso en el lenguaje. Porque las palabras importan, crean realidad, y nombrar es una forma de contribuir a crear una igualdad más real, consciente e inclusiva.

No solo trastocan los grandes cambios, también los cotidianos

Sea cual sea la razón que te ha traído hasta aquí, quiero que sepas que **no solo trastocan los grandes cambios, también los cotidianos, los que el imaginario colectivo entiende como pequeños**. En ocasiones, en un momento dado se agolpan gran cantidad de estos y van cayendo uno tras otro como fichas de dominó. Supongo que de ahí viene un refrán que he adaptado a mi antojo, que dice que los cambios nunca vienen solos.

El cambio constante es la única certeza.

Esta frase, que escribí hace unos años en las redes sociales, es el motivo principal para escribir este libro.

Una de las cosas que hago, aparte de atender mi propia consulta, es escribir y divulgar sobre la vida y sobre cómo la psicología puede ayudarnos. Lo hago para dar espacio a mi placer por la escritura y también como parte de mi responsabilidad social corporativa. Lo cierto es que, desde bien pequeñas, en nuestra sociedad occidental y cultura judeocristiana (tengas o no creencias religiosas), nos preparamos para seguir la ley de vida, la que hemos mamado, la que nos han vendido y nosotras hemos comprado en algún momento, porque a nuestro cerebro le atrae la certidumbre como un refugio a quien huye de la tormenta.

El ser humano siempre ha buscado seguridad, porque lo cierto es que tenerla, aunque sea una ilusión, nos calma. Así, entendemos que la vida según esa ley es una línea recta llena de hitos. Al plantearla como un camino prefijado, sabemos que en ella va a haber cambios impepinables: estudiar, conseguir un trabajo, casarnos, empezar una familia, mudarnos, la muerte de un ser querido (en su vejez). Pero hay muchas situaciones de las que casi no se habla. Por ejemplo, nadie nos prepara para:

- que en algún momento la vida se tuerza y no siga el camino estipulado, bien porque ella lo decide o bien porque lo decidimos nosotras;
- la sensación de vacío y el sentimiento de estar perdida después de terminar los estudios y tener que ponerse a buscar curro;
- amores que creíamos que durarían toda la vida y que se acaban de un día para otro;
- cambios en nuestra concepción del mundo, creencias e identidad;
- las amistades que dejan de serlo porque se enfrían sin despedida;
- los cambios que provoca en el cuerpo el paso del tiempo o engendrar, y que hacen que te sientas alguien diferente ante el espejo;
- dejar atrás una etapa en la que fuiste feliz y vivir la incertidumbre que provoca el después;
- sentirte una marciana después del cambio. El mundo sigue girando, y para el resto aparentemente sigue igual, pero para ti no.

Los microduelos y los duelos que parecen sunamis forman parte de la vida, son inherentes a ella.

Siempre, desde muy pequeña, he sentido la inclinación a ayudar a la gente. Y ahora, si hago un repaso de mis cuarenta y dos años de vida, lo veo aún más claro si cabe. Pasé por un momento de duda en el que tomé un camino que no era el mío, pero en cuanto reconduje esa decisión y, tras un trabajo personal, cambié la biología por la psicología, me di cuenta de que eso era lo que le daba sentido a mi vida, ahí estaba mi vocación. Ahora tengo el privilegio de poder acompañar a personas en sus procesos de cambio, proporcionándoles herramientas para que puedan transitarlos con el menor sufrimiento posible.

Y de eso va este libro. **De poner esa realidad encima de la mesa, de reconocerla y ver cómo podemos elegir, recolocar, resignificar, transformar, aceptar y vivir el cambio sin sufrir gratuitamente, haciendo un trabajo personal.** De poder trasladarte el conocimiento y la experiencia que tengo en mi haber gracias a la ciencia y a los años que llevo ejerciendo como psicóloga, y también vividos como persona, para que puedas adaptarte a todo lo que te acontece y te acontecerá, para que transformes tu vida y te transformes con ella.

Lo que nos enseñaron acerca de los cambios en la vida y lo que no

No te voy a engañar. Como dice Gabor Maté en una entrevista, «en la vida no hay opciones sin dolor». **El dolor, al igual que el cambio, es inherente a la existencia.** Por mucho que nuestra cultura occidental, el sistema neoliberal capitalista y las redes te muestren lo contrario. Aunque los mensajes en los envoltorios de los azucarillos o en las tazas te digan que «hoy es un buen día para tener un gran día». Pues mire usted, señor o señora que diseña azucarillos o tazas con frases motivacionales, en la vida también hay días de mierda. A veces, incluso hay días que hacen que toda tu vida se convierta en una mierda. Porque lo sentimos así, aunque sabemos que esa sensación, por suerte, no tiene que durar para siempre. O sí. Depende del camino que escojamos, de las circunstancias y de las herramientas de las que dispongamos para afrontarlo.

Nos pasamos gran parte de la vida intentando evitar el dolor. Pero quiero que sepas que **solo hay una forma de dolor evitable: el que provoca la resistencia a los cambios.** Negar los sentimientos que provocan, ignorar las consecuencias de las decisiones que tomamos, intentar que la vida sea como antes o ser las mismas personas después de lo ocurrido nunca traen nada bueno. Lo veo cada día en mi consulta, y también, como persona humana que soy, lo he experimentado en mis propias carnes. **De hecho, una de las cosas más difíciles es decir adiós, despedirse de lo que fue y ya nunca será como antes.** Es difícil porque implica despedirse de lo que teníamos pensado que iba a ser y ya no será, de lo que no va a pasar porque la vida nos ha cambiado el plan.

La resistencia al cambio, oponerse a que la realidad sea como es, no cambia lo que ya ha acontecido.

Lo cierto es que a veces la vida te cambia el plan sin preguntar, y resistirse a que las cosas sean como son provoca el efecto contrario al que buscamos. No aporta calma, sino que añade más sufrimiento. La solución es simple: hay que prestarse a transitarlo. Sin embargo, a la vez resulta muy compleja, porque esa tarea no es fácil (nada fácil). **El cambio genera incertidumbre y despierta mucho miedo porque nos es desconocido.** Como dice Bruce Feiler, «la crisálida es importante para el nacimiento de una mariposa, pero no es divertida para la oruga».

Por eso me propongo ayudarte con herramientas específicas a atravesar la metamorfosis que está aconteciendo. Sea cual sea su índole y el momento de tu vida en el que esté teniendo lugar.

Parafraseando a Erich Fromm, lo único que debería ser permanente en una persona es justo esa buena disposición al cambio, porque **el precio de resistirnos a los cambios es una insatisfacción permanente.**

La importancia de acoger y nombrar el dolor

Quizá la mentira más común de la humanidad es la respuesta a la pregunta: «¿Qué tal? ¿Cómo estás?». Seguro que ya sabes la respuesta: «Bien». **Muchas veces eso lo decimos en un momento en el que estamos viviendo un cambio y, por lo tanto, un duelo.**

La palabra «duelo» viene de *dolus*, que en latín significa «dolor». En psicología llamamos duelo al proceso que se inicia cuando desaparece o muere literal o figuradamente una persona, animal o cosa importante para nosotras. Y sí, las decisiones y los cambios entrañan duelo, dolor, como te decía antes.

Culturalmente tenemos metido en el tuétano del hueso (como me dijo una vez la escritora granadina Ángeles Mora) que hay que minimizar el dolor, las emociones que nos remueven. Nos han inculcado que siempre hay algo peor y que, en realidad, no nos podemos quejar justamente por eso mismo. Porque podría ser peor. La cuestión es que si, a ojos del imaginario colectivo, y por tanto del propio, lo que ocurre no es algo objetivamente grave, entendemos que no es para tanto, ergo no merecemos dolernos de ello. Ahí radica el problema: hay una especie de permiso socialmente acordado para que un cambio pueda doler o no, y, por supuesto, parece que también existe un tiempo determinado para dolerse, que en algunos casos es cero. Para muestra, el botón de los tres días de permiso que se nos dan en el trabajo en caso de que fallezca un familiar frente a los quince días por matrimonio.

Todavía recuerdo las palabras de la psicóloga a la que fui cuando tuve un accidente de coche y sufrí un latigazo cervical que me complicaba estar de pie. Sufría unos vértigos terribles y me deprimí. Le dije que en realidad lo que me había pasado no era para tanto; total, no me había muerto, y eso era lo importante. Ella me dijo sabiamente: «Eirene, a cada uno le huele su mierda». Y sí, tenía y tiene razón.

Aunque parece que en nuestro sistema de creencias hay una escala de gravedad de problemas, y también existen estudios como el de A. T. Kul e I. Gündoğmuş que demuestran que la violencia, el abuso, la guerra o la repetición de experiencias adversas suelen marcar el cuerpo y la mente con más fuerza, al final el dolor solo lo conoce quien lo sufre.

No es lo mismo que te amputen un brazo que tenerlo roto, pero en ambos casos hay dolor. Si te has roto un brazo y a mí me lo han amputado, no tiene sentido que, si hablamos de cómo nos duele, yo te diga: «No te quejes de que te duele porque a mí sí que me duele, ya que lo mío es mucho peor que lo tuyo y mucho más limitante».

Existen personas que trivializan o invalidan el dolor, quizá demasiadas, pero que tengan ese comportamiento o que tú lo tengas porque lo has aprendido no significa que esté bien.

Todo dolor importa y merece ser acogido, entendido y acompañado, independientemente de su magnitud.

Por eso el lenguaje que usamos para nombrar lo que nos pasa importa, y mucho. Una de las conclusiones a las que ha llegado la psicología, en concreto Steven Hayes y sus colaboradores, es que ser seres verbales y tener lenguaje nos provoca dolor. Es decir, el lenguaje es una fuente de sufrimiento en sí mismo. Tenerlo nos permite «relacionar cualquier cosa con casi cualquier otra», y esta capacidad es muy importante porque nos ha permitido evolucionar y resolver los problemas que se nos han ido presentando como especie a lo largo de la historia de la humanidad. Sin embargo, tiene una contraparte, que es que algo tan sencillo como una palabra puede llevarnos a sentir mucho dolor, más del que ya traíamos. Con esto en mente, quiero poner especial atención en la palabra «pérdida».

Cuando decimos que hemos perdido algo, nuestro cerebro lo traduce como una ausencia que provoca un daño irreparable. Activa el estado de alerta y nos sentimos en peligro. Notamos vacío y nos convencemos de que sin esa cosa, animal o persona nunca más sentiremos plenitud. **Y nos podemos enredar en**

la idea de qué podríamos haber hecho de otra forma y, por tanto, en la culpa, porque en algo debemos de haber fallado. De hecho, atascarse en la culpa y en lo que podríamos haber hecho diferente puede provocar que un duelo se complique. La importancia del lenguaje que usamos para describir la realidad se ve muy claramente en una situación que muchas personas experimentan alguna vez durante su vida laboral, es decir, tener un contrato de prestación de servicios. No te puedes imaginar la de veces que he oído «Me han echado del trabajo», en vez de «Se ha terminado mi contrato».

De la misma forma, solemos oír «He perdido a mi madre» en lugar de «Mi madre se ha muerto». La primera nos deja con la sensación de que podríamos haber hecho algo para evitarlo, mientras que la segunda nombra la realidad con toda su crudeza, reconociendo que nada estaba en nuestras manos. Ese matiz lingüístico tiene un impacto profundo, y lo compruebo una y otra vez en consulta cuando pido a las personas que llamen a las cosas por su nombre y observen cómo se sienten al hacerlo. **El resultado es que el cuerpo, sin saber de semántica ni ser un lingüista catedrático, entiende la verdad y el significado de las palabras.**

La consecuencia de usar unas palabras concretas para hacer referencia a los cambios que atravesamos y cómo estas impactan en nuestra autoestima, autoconcepto, ánimo y predisposición a estos se puede sentir claramente. **No es lo mismo decir una cosa que otra, ni tampoco el efecto que provoca.**

Pero ¿y si lo que creemos y sentimos como perdido pudiese resignificarse haciendo uso del lenguaje, y por tanto cambiar la manera como nos hace sentir?

- No has perdido a tu madre. Tu madre murió. Su presencia en tu vida y tu relación con ella han cambiado de forma, pero no han dejado de existir.
- No has perdido tu juventud. Has vivido y tu cuerpo ha evolucionado y se transforma según la etapa vital que atraviesas.
- No has perdido esa relación. Ha finalizado y ese vínculo se puede convertir en recuerdo y aprendizaje.
- No perdiste tu casa. Hubo unas circunstancias que hicieron que ya no pueda serlo, pero siempre formará parte de tu historia de vida, aunque no de tu presente, porque lo será otra.

En otras palabras: el lenguaje que eliges para contar lo que te ocurre influye en cómo lo sientes y, en consecuencia, en cómo atraviesas esa experiencia. Aunque no solo depende de ello, es algo muy importante que quiero que tengas en cuenta, un primer paso en este camino.

Si empezamos a nombrar lo que nos ocurre como un cambio, una transición, una evolución, el cerebro procesa la experiencia de una manera diferente y por tanto cambiará cómo te vas a sentir y cómo vas a afrontar el nuevo camino que se abre ante ti. Esto no significa que el cambio no entrañe dolor, que el duelo vaya a desaparecer si lo haces, pero sí que te ahorrarás el único sufrimiento que, como he dicho antes, puedes evitar: el que conlleva describir la realidad de una manera que nos culpabiliza o que nos pone en un lugar de víctima. Este, a su vez, nos puede llevar a atraparnos en la pregunta «¿Por qué a mí?», a atascarnos en el proceso de sanación y adaptación a la nueva situación que es el duelo. Ese proceso, como dice Neimeyer, no es algo estático, algo que nos pasa, como un resfriado, sino una acción que a realizamos y en la que tenemos un papel activo. Porque los cambios, y los duelos que siguen, se hacen, se atraviesan.

Este libro no pretende ser un manual para soltar y seguir adelante y volver a comportarte y ser quien eras. Lo mismo ni quieres, porque quizá esa forma de actuar sea lo que te ha traído hasta aquí. Quizá no, porque el cambio te ha pillado como el sunami a Naomi Watts en la peli *Lo imposible:* completamente desprevenida.

Atravesar el cambio no va de soltar y olvidar, ni de hacer como si eso que ha ocurrido no hubiese pasado nunca. **Va de recolocar lo que ha cambiado en un sitio donde puedas vivir sin que eso sea una losa que tengas que cargar de por vida.** En este libro no pretendo que dejes de sentirte mal, sino que aprendas a aceptar que esos sentimientos forman parte del proceso de transitar el cambio y que descubras cómo gestionar ese malestar. Quiero que estas páginas te ayuden a vivir el vaivén, el movimiento de la existencia. Porque la vida es como el mar, que unos días está tan tranquilo como una balsa de aceite y otros, en cambio, nos presenta olas de un metro, de tres o sunamis con repetición.

No podemos controlar ni saber qué ola nos espera, pero sí aprender a nadar bien, a surfear, a ir con la corriente e incluso a caer para que cuando nos den un revolcón nos hagamos el menor daño posible.

Porque lo cierto es que todo cambia. Y tú también.

1

LA ÚNICA CERTEZA

Todo puede cambiar

Muchas *millenials* crecimos con la idea de que existía un camino prefijado para nosotras. Crecimos pensando que, si hacíamos las cosas bien, éramos coherentes, cuidábamos a los demás y nos esforzábamos lo suficiente, la vida nos recompensaría con una estabilidad cada vez mayor. Imaginamos una línea recta donde todo acabaría encajando y la calma sería el premio al esfuerzo. Sin embargo, mi realidad fue otra.

Mis padres eligieron dedicarse a ayudar a los demás. Y, sobre todo a consecuencia de lo que te conté al inicio del libro, crecí moviéndome de un sitio a otro, sin raíces fijas. Hasta los catorce años, sentí que la vida era una eterna mudanza, y yo solo anhelaba una vida normal, como la que creía que tenían los demás: un sitio estable, una rutina, una pandilla y la posibilidad de construir mi vida sobre un terreno sólido. Cuando por fin llegó cierta calma, me aferré a esa idea con fuerza. Hice lo que se suponía que había que hacer: estudiar, esforzarme, comprometerme, elegir con cabeza.

Quería que todo tuviera sentido, que la línea
de mi vida se enderezara y siguiera el curso natural
que tanto había buscado.

Pero, como dice una querida amiga, «Mari, nos han *engañao*». Mi vida en muchos aspectos no ha seguido esa lógica. A veces me ha cambiado los planes de golpe, y otras he sido yo quien ha decidido desbaratar lo prefijado. Lo más duro de todo ha sido que, cuando más me he empeñado en que la realidad se ajustase a ese ideal de estabilidad, más me ha dolido que no lo hiciera.

A fuerza de sacudidas, aprendí que la línea recta que imaginaba no existe, que la vida no recompensa siempre por hacerlo bien y que el camino correcto no siempre coincide con el esperado. Aprendí que el cambio no es una excepción, sino la norma (esto deberían enseñarlo en la escuela) y que resistirme a él solo me ha alejado de lo que realmente necesitaba. Sí, lo único constante es el cambio, pero nos puede costar toda una vida —y unas cuantas crisis— comprenderlo de verdad.

Lo veo a diario en consulta: personas sensibles, comprometidas, que llegan diciendo «No entiendo qué me pasa» porque algo que parecía estable les parece que está roto. Puede ser un proyecto, una relación, un cuerpo, una identidad… Debajo de ese dolor muchas veces está la misma creencia dañina: que todo debería ser estable y que, si cambia, hemos fallado. **Así, el cambio se vuelve enemigo, cuando en realidad es la norma.**

El día que aquella piedra enorme cayó sin avisar, los planes de mi familia volaron por los aires. La vida nos interrumpió sin preguntar. Con los años y la madurez entendí que a la vida le daba exactamente igual lo justo, lo planificado, lo bien intencionado. No es una cuestión de merecer. Ahora me viene a la cabeza esa frase que internet atribuye a Bruce Lee y que, aunque no podamos confirmar que sea suya, lo clava:

Aun sabiendo esto, seguimos esperando cierta lógica. Nos aferramos a la idea de que, si lo hacemos todo bien, no nos van a abandonar. De que, si nos cuidamos, no vamos a enfermar. De que, si lo hemos dado todo, va a funcionar y no se va a derrumbar. Pero el algoritmo de la vida se parece un poco al de Instagram, no es justo. Y por eso, cuando algo cambia de forma inesperada, o si tomamos una decisión y el resultado no coincide del todo con nuestras expectativas, nos quedamos con las patas colgando.

Mientras escribo estas líneas, la vida me regala otro ejemplo que me viene como anillo al dedo: hoy, 28 de abril de 2025, un apagón eléctrico ha dejado sin luz a toda España y Portugal. Un día casi entero sin electricidad, ni móviles ni conexión. Rarísimo. Un día en el que nuestra normalidad se ha vuelto anormal. La vida nos vuelve a decir: «Mari (o José Luis), no importa cuánto planees ni cuánto confíes en la rutina: **todo puede cambiar en un segundo**».

No hay camino garantizado. A veces las cosas
nos salen bien y otras no. Hay cambios que podemos
decidir y otros no. Y una vez que sucede la
transformación, lo que nos queda es adaptarnos,
aprender a caminar de nuevo.

Si de algo me he dado cuenta en todos estos años de práctica clínica es que el cambio y la adaptación que este requiere es la razón más común por la que las personas piden ayuda. A veces se trata de decisiones deseadas, como elegir carrera, trabajo, pareja o proyecto de vida. Otras, sienten que se han perdido y no saben hacia dónde dirigirse; entonces se dan cuenta de que las estrategias que han usado —adicciones, repetición de hábitos, miedo a cambiar— ya no les sirven. Piden ayuda porque el lugar donde están les provoca malestar y buscan una opción que les permita sentirse mejor. Y en otras ocasiones, la vida decide por ellas: la muerte de un ser querido, un diagnóstico, un desastre natural, una oportunidad inesperada o un amor inoportuno. **Está claro que, en la vida, no siempre llueve a nuestro gusto.**

También yo, como muchas personas, he vivido momentos que me hicieron sentir perdida, como elegir una persona como amiga o pareja que no iba conmigo, y otros que, no por deseados me desajustaron menos, como decidir tener una criatura. También he transitado bastantes cambios inesperados. Algunos han sido para bien, como la oportunidad de cantar en un grupo o la de escribir este libro, y otros fueron un cataclismo y marcaron un antes y un después, como la muerte de mi segunda hija, Inés.

La conclusión a la que he llegado después de reflexionar sobre la vida y el cambio es que todo puede trastocarse por motivos diversos y en cualquier momento.

El cambio no es una anomalía, es la norma.

Lo que pasa es que no nos han enseñado a vivir en transición. **Nos educaron con una expectativa de linealidad**

que no coincide con lo que vivimos y, claro, eso nos desconcierta, nos remueve y nos da miedo.

Bruce Feiler lo explica muy bien en *Transiciones*: **la vida no sigue un trazado recto ni predecible**. Entrevistó a 250 personas de entre veinte y ochenta y nueve años y descubrió más de 50 tipos de disrupciones vitales: algunas elegidas, otras impuestas; algunas que afectan solo a quien las vive y otras que sacuden comunidades enteras. Se concentran en cinco áreas principales: relaciones, identidad, creencias, trabajo y cuerpo.

Cada persona atraviesa, de media, unas 36 disrupciones significativas a lo largo de su vida, entre ajustes menores y auténticos terremotos vitales, que son momentos en los que la vida se trunca, partes de nuestra identidad se derrumban y no queda más remedio que reconstruir desde los cimientos. Lo esperanzador es que la plasticidad cerebral permite cambiar a cualquier edad, y Feiler desmitifica las crisis de los cuarenta o de los cincuenta: las transiciones no obedecen al calendario del gurú de moda, sino al ritmo —imprevisible— de la vida.

Vivimos con expectativas lineales en un mundo no lineal. **Queremos seguridad y estabilidad, pero la realidad es un mosaico.** La libertad de elegir, tan celebrada, puede convertirse en ansiedad: demasiadas opciones, demasiados estímulos y poca educación emocional para gestionar la incertidumbre, como recogen V. Expósito Duque y sus compañeros, son determinantes clave de la ansiedad contemporánea.

Y ahora viene para mí la conclusión más impactante: **pasamos casi la mitad de nuestra vida en proceso de cambio**. No se trata ni de un rato ni de una etapa. **Es una parte central de la experiencia humana.** Así que, si estás en medio de una transición, o acompañando a alguien que la está viviendo, no lo tomes como una excepción. No es un fallo del sistema ni una señal de que algo salió mal. No tiene que ver con el karma ni con Mercurio retrógrado.

Es simple y llanamente que estás viva.

....

¿Qué es un cambio?

Cuando aparece la palabra «cambio», en ocasiones pensamos inmediatamente en pérdida, ruptura, crisis. No es casualidad. Sabemos por experiencia que este proceso nos pone en un lugar donde hay momentos complejos y difíciles de gestionar, sobre todo cuando no tenemos herramientas, o las que tenemos no sirven. Es cierto, cambiar conlleva momentos dolorosos. En otras ocasiones, no obstante, pensamos en la posibilidad de mejorar, comenzar, crecer, en una nueva oportunidad o en una transformación.

La palabra «cambio» viene del latín *cambium*, que significa «trueque» o «intercambio». En su origen no hablaba de evolución interna, sino que se refería al mundo material y al hecho de dar algo y recibir otra cosa.

Y, en el fondo, la vida funciona así:
constantemente nos propone trueques.
Te quita algo y te da otra cosa, o viceversa.

Y si tomamos consciencia y reflexionamos, podemos llegar a la conclusión de que, nos guste o no, nuestra tarea consiste en aprender a jugar al juego de vivir, en el que a veces nosotros decidimos las reglas y otras las elige la vida. Y en ello hay un aprendizaje importante: estar dispuestas a aceptar esos intercambios.

Hoy entendemos el cambio también como un proceso interno: una reorganización de la propia vida o de partes de una misma. A veces lo buscamos; otras, llega sin avisar. En cualquier caso, implica atravesar un tiempo de transición —ese intermedio desordenado— donde incomodan la duda y el miedo, pero donde, si hay espacio, también puede aparecer la posibilidad de algo distinto.

No todos los cambios son iguales. No es lo mismo que te cambien la hora de una cita que vivir una inundación por culpa de una dana. No es lo mismo mudarte por decisión propia que tener que huir por necesidad. **El cambio puede percibirse como un movimiento mínimo o un derrumbe total.** Pero en ambos casos **implica aceptación,** y esto significa **estar dispuesta a que la realidad sea como es y desde ahí poder ver las opciones, construir, seguir.**

Recuerdo que Albert Espinosa en una entrevista mencionó que el cáncer le había quitado partes de su cuerpo… pero a cambio le había dado tiempo de vida. No se trata de romantizar el dolor. No hay belleza en sufrir, por mucho que algunas personas o el imaginario colectivo lo ensalcen. Por mucho que nos centremos en que «todo va a salir bien», como sucedió durante la pandemia, la realidad era que murió mucha gente. Lo que sí implica es hacer el tránsito a mirar distinto, no negar lo que se perdió o va a perderse, pero tampoco quedarse atrapadas en ello.

La idea de que nada es permanente no es nueva. Hace más de dos mil años, Heráclito de Éfeso, filósofo griego, ya nos dijo:

«Todo fluye y nada permanece». Este pensador observaba los elementos de la naturaleza y veía en ellos la ley fundamental de la vida: el cambio constante. «Nadie se baña dos veces en el mismo río», decía. Porque ni el agua ni tú sois las mismas. El fuego, símbolo de destrucción y creación, también le enseñó que todo lo que existe está en movimiento, en transformación.

Y aunque Heráclito escribió estas palabras hace siglos, **seguimos aferrándonos a la idea de que las cosas deben quedarse quietas**. Como si tuviéramos derecho a que la vida se mantuviera estable solo porque lo deseamos. Sin embargo, cuando no nos conviene esa inmovilidad, nos invade la inquietud y la necesidad de actuar para que las cosas cambien. Vivimos en esa ambivalencia.

La vida se mueve a veces a su antojo, a veces a nuestro son, y entiendo que para vivirla lo mejor que podamos hay una realidad que debemos acoger: aprender a movernos con ella en todo momento. Eso significa entender que con frecuencia no se adaptará a nuestras expectativas y actuar para adaptarnos a ella y a su dinámica.

¿Cómo nos afecta el cambio?

Ahora bien, siendo honesta, una cosa es saber que el cambio forma parte de la vida y otra muy distinta que te toque vivirlo y estar dispuesta a transitarlo y sentir todo lo que conlleva. A pesar de contar con el conocimiento, a pesar de ponerle buena voluntad, cuando el cambio ocurre, nos tambaleamos. Dudamos. Sufrimos. Y a veces lo que más daño nos hace no es el cambio en sí, sino **la incertidumbre, el desconocimiento, no entender qué nos está ocurriendo y qué supone el proceso**. Esto trae emociones incómodas, como el miedo, la ira, la culpa o el vacío, y pensamientos del tipo «No deberías estar así», «Deberías sufrir más», «Ya tendrías que haberlo superado» o «Si lo he elegido yo, ¿por qué diantres no me siento feliz?».

A lo largo de la vida, **todas atravesamos momentos difíciles**. Algunas veces logramos afrontarlos con herramientas como hablar con alguien, pedir ayuda o darnos tiempo. Así, esa experiencia pasa a formar parte de nuestra historia: «Lo pasé mal, fue duro, pero lo superé». Sin embargo, otras vivencias no se integran como recuerdo porque nos sobrepasaron; estas se quedan atascadas y se manifiestan en ansiedad, miedo, desconexión o alerta constante. Eso es el trauma.

No se trata solo de un mal recuerdo, sino de una huella que afecta a cómo percibimos la seguridad, el control y la relación con el propio cuerpo, el mundo y nosotras mismas. Los **traumas con mayúscula** —abuso, guerra, accidentes— paralizan el organismo y fragmentan la mente. El cerebro guarda de forma separada recuerdos, emociones y sensaciones para protegernos. Con el tiempo, esto puede generar lagunas en la memoria, vacío, dificultad para confiar o sentir seguridad. A esto se lo llama **estrés postraumático**, y significa que, aunque el peligro ya pasó, el cuerpo y el cerebro **todavía no se han enterado**.

Pero no todo trauma es catastrófico. Existe el trauma con minúscula: silencioso, cotidiano, invisible a los ojos de otros, pero profundo. Un comentario hiriente, un abandono emocional, un entorno donde no se atendían los conflictos. El trauma no se mide por lo que ocurrió, sino por cómo fue vivirlo y por la soledad que te provocó. **Lo más doloroso muchas veces es la falta de sostén, de cuidado, de alguien que dijera: «Lo que sientes tiene sentido y no estás sola».**

En terapia escuchamos historias que demuestran que el cuerpo no olvida lo que no pudo expresar: insomnio, tensión en el pecho, nudo en el estómago, alerta constante. No solo los grandes acontecimientos son traumáticos, también ciertos cambios que no logramos asimilar. A veces se esconden en lo cotidiano: una amistad que se apaga, un trabajo que no salió, una mudanza, un fin de etapa. Son microduelos que dejan huella.

Cada cambio no elaborado, cada emoción que no se siente o no se nombra, se acumula como una piedra en la mochila emocional. Con el tiempo, ese peso se manifiesta en el cuerpo, en el ánimo y en la forma que tenemos de relacionarnos o de mirar el futuro. Reconocerlo no nos hace débiles, sino humanas. Nos permite mirar nuestra historia con ternura y compasión, entender qué dolió y por qué, aunque pareciera poca cosa. Sanar empieza por mirar. Y este reconocimiento, aunque incómodo, es el primer paso.

Porque solo se puede transformar lo que nos atrevemos a mirar.

Justo esto le ocurrió a Lola, una mujer de treinta y dos años, enfermera de vocación y profesión, que acudió a consulta porque estaba afrontando cambios importantes en su vida laboral y familiar. Una mejora de contrato prometida por sus superiores no llegó como esperaba y, a pesar de sus esfuerzos, tuvo que enfrentarse a la realidad de cambiar de centro de trabajo. Se le acumularon múltiples cambios: algunos decididos, otros impuestos, que la empujaron a dar un paso que no había anticipado y la llevaron al colapso emocional y mental.

En consulta, Lola me confesó que pensaba que «tendría que haberlo superado ya» y que no «debería sufrir tanto». Cuando le pregunté quién le estaba pidiendo eso, me respondió que, en realidad, era ella misma; quería que el dolor, las limitaciones y las dificultades que estaba viviendo desaparecieran de inmediato.

Despatologizar y normalizar el dolor en un mundo que nos exige pasar página rápidamente no es fácil.

Le expliqué que era normal que lo pensara: nadie quiere sentir dolor, y la presión por acelerarlo no ayuda. **La adaptación a los cambios y el procesamiento del dolor que traen consigo llevan tiempo y requieren trabajo**, porque no todos nos afectan de la misma manera. Un cambio decidido y uno impuesto implican procesos distintos, y cada persona necesita su propio ritmo para atravesarlos (de ello hablaremos más en profundidad en el capítulo 2).

Pero si algo es común a todo cambio es un efecto que aprendí en un curso sobre gestión del tiempo y que suelo explicar en consulta para favorecer la comprensión y disminuir la carga emocional: **el efecto S. A. R. A.** Este acrónimo, que describe la secuencia típica de reacciones ante los cambios (*shock, anger, resistance, acceptance*), proviene de las publicaciones sobre gestión del cambio inspiradas en el modelo de duelo de Kübler-Ross y difundidas por Daryl Conner, aunque no existe un autor único que lo haya formulado de manera oficial.

Puede que al leerlo pienses que hablo de una pócima mágica o de algún truco de autoayuda exprés, pero no. **Se trata de algo más realista, más simple y útil:** un acrónimo que ayuda a entender lo que sentimos cuando la vida cambia, ya sea por elección o no, y que, además, es fácil de recordar. Te lo explico.

El efecto S. A. R. A. describe cuatro etapas que solemos atravesar cuando llega un cambio:

- **S de sorpresa (o *shock*):** Aunque supieras que podía pasar algo, **el primer impacto siempre es la incredulidad**. «No me lo creo». Puede parecer que estuvieras viendo tu vida desde fuera, como si eso no te hubiese pasado a ti. Tal vez incluso desconexión. Es lo que sintió Lola cuando le comunicaron que su mejora de contrato no iba a hacerse realidad. También lo que pudiste sentir durante el apagón.

- **A de angustia (o ansiedad):** Cuando empieza a calar lo que ha pasado, cuando el cerebro empieza a traer la imagen de lo ocurrido y todo lo que eso va a suponer después para la persona, **llega la angustia**. Puede aparecer miedo, tristeza, rabia o culpa. No hay emociones buenas o malas. **Y sentirlo todo es parte del camino.** Decepción y ansiedad es lo que Lola experimentaba cada vez que su mente le recordaba que su ansiada mejora de trabajo no iba a tener lugar y la cortapisa que ello iba a suponer en el plan que había trazado. También sentimos angustia ante la incertidumbre, como cuando durante el apagón no podíamos comunicarnos con nuestros seres queridos.

- **R de resistencia:** Aquí entran las dudas, las nostalgias, los «antes estaba mejor». La mente se llena de «y si...». **Resistirse es humano. Idealizamos el pasado, buscamos explicaciones, queremos volver atrás, aunque sepamos que no se puede.** La resistencia es una forma de protegernos del dolor. Lola me decía: «Quizá me he equivocado al tomar esta decisión», «¿Y si hubiera aguantado las malas condiciones un poco más?», «Tal vez alguien podría haber hecho algo». Durante el apagón, en los medios y en las comunidades de vecinos se intentó buscar la razón, la causa. Hubo quien catastrofizó más y hubo quien le restó importancia. Hubo quien le echó la culpa a Trump y a Putin, a China o a los extraterrestres.

- **A de aceptación:** Aceptar no es conformarse. No es resignarse. **Es dejar de pelear con lo que ya es.** Reconocer que no puedes cambiar lo que pasó, pero sí elegir qué hacer ahora. Es abrir espacio a lo nuevo, a pesar del dolor. Lola recibió un cambio inesperado y tomó la decisión de cambiar de empleo porque aguantar las condiciones del antiguo le traía más dolor que afrontar un cambio. Durante el apagón nos movilizamos para buscar recursos, nos acompañamos en las emociones y compartimos nuestro sentir, nuestro pesar y nuestros recursos con las personas más cercanas.

No todas vivimos el efecto S. A. R. A. de forma ordenada, ni con la misma intensidad. No siempre pasamos por todas las fases secuencialmente. **Afrontar el cambio** no es como un viaje en tren, de estación a estación. **Es más parecido a una montaña rusa: subidas, bajadas, idas y vueltas.** A veces pasamos por todas esas fases en un mismo día; otras, solo por algunas de ellas. Porque **el cambio, como la vida, no es lineal. Es cíclico. Es movimiento.**

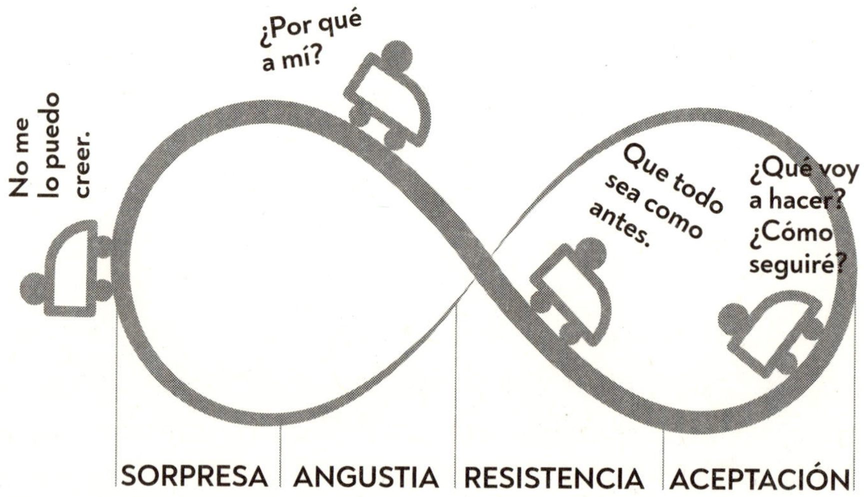

Ahora ya sabes que no hay nada malo en ti, que no eres rara por sentir o pensar así y que lo que te ocurre dentro tiene sentido. Y eso, créeme, es un primer paso enorme porque nos permite poner consciencia, dar nombre a lo que nos pasa, y saber calma.

Para ponerlo en práctica, me gustaría proponerte que escribas la historia del cambio que has vivido o estás viviendo y luego identifiques los momentos del efecto S. A. R. A. Este ejercicio te dará mucha claridad. Entiendo que pueda haber resistencias por miedo a sentir emociones incómodas. Y por eso quiero hablarte de la escritura como herramienta terapéutica.

En los años ochenta, James Pennebaker y Sandra Beall llevaron a cabo un experimento en el que pidieron a un grupo de personas que escribiesen durante 15-20 minutos, cuatro días seguidos, sobre sus experiencias traumáticas, y a otro grupo (el de control), sobre cuestiones aleatorias. El grupo que escribió sobre experiencias dolorosas refirió sentir emociones incómodas mientras lo hacía, algunas incluso lloraron. El resultado inmediato fue que su estado de ánimo negativo aumentó, pero también disminuyeron sus visitas al médico durante los seis meses posteriores y reportaron sentirse mejor emocionalmente. Lo más efectivo fue escribir tanto sobre lo que ocurrió como sobre lo que sintieron.

Aunque al principio pueda ser doloroso, poner en palabras el dolor ayuda a procesarlo y a soltarlo. Es el primer paso para transformar la herida en comprensión.

No se trata de revivir el trauma, sino de crear un espacio seguro para elaborar lo que pasó y cómo te afectó. A veces, el papel puede ser el primer lugar donde poder contarlo todo sin filtros al fin.

EJERCICIO

Ahora, toma tu libreta favorita y un bolígrafo y da rienda suelta a tus palabras. No hay una extensión ni un límite correctos. Solo la invitación a permitirte sentir. Si ahora no te ves preparada, no hay obligación. Quizá puedas retomar el ejercicio cuando acabes este capítulo, o cuando termines de leer el libro.

¿Por qué a veces nos cuesta tanto?

Cuando algo o todo cambia, por un lado la mente lógica trata de mantener en pie la estabilidad, la rutina, el trabajo, la lista de tareas, y por otro tenemos la emoción. Así, tu cerebro empieza a conjurar imágenes, momentos pasados y futuros, lo que vendrá y lo que ya no será igual.

Y entonces aparecen la tristeza, el vacío, la sensación de estar fuera de sitio, como quien vuelve a casa y no reconoce su propia habitación.

A veces, el dolor que produce el cambio nos empuja a buscar anestesia y nos llenamos de ruido, de actividad, para dejar de sentirlo. Otras nos entregamos por completo a él, tanto que parece que solo existimos en torno a la herida. Y ahí nos quedamos, rumiando preguntas que no tienen respuesta. ¿Por qué a mí? ¿Por qué ahora? ¿Por qué así?

Lo veo constantemente en consulta: personas que saben que ha cambiado algo (porque lo eligieron o porque la vida las obligó), pero que no saben cómo estar en ese nuevo mundo que ahora habitan. Se sienten extrañas, culpables, débiles. Como si el dolor fuera falta de fuerza.

Para entender por qué a veces nos cuestan tanto los cambios me gusta utilizar la metáfora del laberinto. **Cuando ocurre un cambio importante** es como si entraras en un laberinto. **No hay mapa ni GPS.** Solo estás tú con tu efecto S. A. R. A. y el dolor, el miedo, el deseo de entender y, en algún lugar, aunque a veces muy escondida, la esperanza de salir de él, de volver a encontrarte.

Un laberinto no es un camino recto, ni una escalera lógica ni una autopista, sino un lugar en el que **a veces vas a sentir que avanzas, que retrocedes y que te pierdes, y otras simplemente te detienes porque no sabes hacia dónde ir. Y eso es normal.**

El mito de Teseo y el Minotauro describe mejor que nada estas sensaciones. Teseo entra en el laberinto de Creta consciente de que hay un monstruo en el centro. No sabe por dónde ir, ni qué encontrará. Solo tiene un hilo, que le da Ariadna, al que debe aferrarse para no perderse. Y la decisión y la valentía de seguir adelante.

En el laberinto del cambio, el Minotauro no es un monstruo externo. Es aquello que más tememos que pueda aparecer en el camino: el dolor que nos aterra mirar, la tristeza que evitamos, los pensamientos en bucle, los nuevos roles que debemos asumir…

El laberinto no es un castigo. El Minotauro no es nuestro enemigo. Son parte del viaje, de la transformación. Y como en el mito, a veces también necesitamos un hilo que nos ayude y nos guíe, que puede ser una mano amiga, una palabra que nos recuerde que, aunque ahora no veamos la salida, estamos avanzando. Porque a veces el problema no es que no estemos caminando, sino que ese avanzar parece inútil porque no vemos resultados inmediatos, porque sentimos que hemos perdido el hilo o, lo que es peor, porque no hay hilo que nos guíe.

Cuando el proceso de adaptación al cambio se complica es porque, en algún momento, dejamos de caminar, nos paralizamos, nos quedamos enredadas en el bucle de pensar, de sentir, de encontrar el motivo y el porqué, de no querer aprender a vivir en ese nuevo mundo sin la presencia de lo que sentimos que debería estar como antes. Y todo ello obstaculiza encontrar un nuevo sentido a la vida y recolocar lo que ya no es para dar espacio a lo que sí puede ser.

Nos atascamos en alguna fase del proceso: en el *shock*, en la angustia, en la resistencia. Lo que comenzó como una ayuda y una defensa normal en el proceso para poder transitar y sobrevivir al cambio se acaba convirtiendo en una jaula. Lo que nos ayudaba a enfrentarnos al Minotauro se convierte en otro monstruo. Soltamos el hilo de Ariadna. A veces tardamos en darnos cuenta y hasta que no somos conscientes de que se nos ha complicado no damos el paso de pedir ayuda. Este suele ser el momento en el que las personas deciden pedirme ayuda. Cuando se dan cuenta de que han tocado fondo, de que están viviendo desde la herida y esto les provoca un sufrimiento tal que no quieren seguir así. Creo que es importante validar que hay personas que necesitan llegar a ese punto para poder darse cuenta de que por ahí no es y aceptar que eso no las hace más débiles o inferiores, sino igual de humanas que las que disponen de las herramientas que conforman su hilo de Ariadna para salir del laberinto en el que están.

Tu propio hilo

Para este ejercicio, inspirado en un recurso de Metcalf, escribe en tu libreta un listado de habilidades que la gente que te rodea afirma que tienes o que tú misma consideras que posees. Luego, anota cuáles son las dificultades del cambio que estás atravesando en este momento. Por último, mira qué habilidades te ayudarían a sostenerte o a resolver alguna de esas dificultades. Si te cuesta verlas, haz memoria y flota hacia atrás en el tiempo para ver cuáles te han ayudado a transitar los cambios que has atravesado en algún momento de tu vida.

También puede formar parte de ese hilo una canción que escuchabas en bucle que te sostenía, la imagen de una mano amiga en tu hombro, una frase de algún libro o persona, un recuerdo que te traiga la sensación de confianza, la calma que aporta un baño de agua caliente o sostener una taza de café, tu propia respiración o la idea de que vas a salir del atolladero. Aunque solo sea una cosa, ese es tu hilo de Ariadna. No te va a ayudar a salir inmediatamente del laberinto, pero sí a dar el primer paso que te va a sacar de donde no quieres estar.

Cuando te sientas perdida, abrumada o fuera de control, recuerda:

- La vida no es lineal y nada es para siempre; eso no es una tragedia, sino simplemente estar viva.
- A veces lo que más duele no es el cambio, sino haber creído que nada iba a cambiar.
- El trauma no está en lo que pasa, sino en la huella que deja al vivirlo.
- Resistirse al cambio es intentar frenar una ola con las manos: solo añade cansancio y frustración.
- Las emociones incómodas no son un error, sino señales de que estás entrando en un territorio desconocido.
- Y cuando duela demasiado, recuerda: conectar con lo que te sostiene también es sanar.

2

LAS FORMAS DEL CAMBIO Y CÓMO NOS ATRAVIESAN

El impacto del cambio

La literatura y el cine están llenos de historias —reales y ficticias— sobre cómo afrontamos el cambio. Escribo estas líneas después de ver una versión de *Peter Pan*: personas que se resisten a crecer o que quedaron atrapadas en el trauma por abandono, como le sucede al capitán Garfio. Existen también narrativas donde una adulta rescata a una criatura de un entorno imposible —como ocurre en *Mary Poppins*— o esas en las que alguien decide comprar una casa en mitad de ninguna parte y, contra todo pronóstico, encuentra sentido, paz o incluso amor.

Otras veces las historias nos muestran lo contrario: personas que buscan vivir de manera salvaje y encuentran una muerte temprana; o quienes, en su intento de anestesiar el dolor, se pierden para siempre. También hay relatos de catástrofes naturales donde ocurre el milagro y una familia logra reunirse tras la devastación.

En la vida real —la tuya y la mía— también vivimos cambios que nos hacen tambalear. A veces parecen un pequeño temblor; otras, un auténtico cataclismo, y su impacto depende tanto de cómo se produce ese cambio como de nuestro contexto interno y externo: quiénes somos, qué creemos, qué red de apoyo tenemos, en qué entorno crecemos. Todo eso influye en cuán fácil o difícil será adaptarnos a ese primer cambio… y a todos los que vienen detrás. Hay cambios que apenas incomodan, y otros que nos dejan sin aliento. Algunos aparecen como ese personaje secundario que irrumpe en la historia para iluminar al protagonista; otros, como un mensaje divino que te sacude y te obliga a reaccionar. Y, en otras ocasiones, el cambio irrumpe como una pandemia que arrasa tu mundo interno y te despierta, metafórica o realmente, en un escenario donde nada es lo que era. Como nos pasó durante el COVID.

La forma en que nos afecta un cambio no depende solo del hecho en sí.

Influyen preguntas como: ¿era esperado?, ¿lo elegimos?, ¿lo deseábamos?, ¿tuvimos tiempo para prepararnos o nos cayó encima sin aviso? Todo ello moldea la experiencia. También importa el contexto: tu sistema de creencias, tu historia, tu red de apoyo, la cultura en la que vives.

La realidad es que elegir también duele. Cambiar de trabajo, mudarte o terminar una relación puede nacer del autocuidado, pero implica despedidas. Lo decidiste, sí, pero hay partes de ti que se resisten, que echan de menos lo que fue. Por otro lado, también hay veces que el cambio te elige a ti —una ruptura inesperada, un despido, un diagnóstico de una enfermedad— y te coloca en un lugar en el que no puedes volver atrás.

Reconocer el impacto de un cambio no es etiquetar
ni patologizar. Todo lo contrario: nos permite
comprendernos mejor, saber qué nos pasó
y por qué duele o dolió.

Y ¿cómo podemos reconocer ese impacto? Voy a explicártelo como me gusta hacerlo: con metáforas y con ciencia, porque unas sin la otra se quedan cojas.

El ritmo del cambio: cuando la vida acelera, se detiene o avanza a trompicones

Como apunta Najwa Zebian en *The Only Constant*, los cambios duelen no solo por lo que traen, sino porque deseamos que nos resulten fáciles. Nos remueven porque abren una brecha entre lo que vivimos y lo que esperábamos vivir; porque nos juzgamos cuando mente y cuerpo no avanzan al mismo ritmo en el proceso de adaptación, y porque, además, buscamos que nuestro entorno valide algo que ni nosotras mismas terminamos de entender.

Hay cambios cuyo origen reconocemos con claridad y otros que nos parecen difusos, como si hubieran estado gestándose en silencio durante años. Aquí entra en juego algo fundamental: **el ritmo del cambio importa**. No todas las transiciones hablan el mismo idioma ni despiertan las mismas resonancias internas. A veces es la velocidad —o la lentitud— lo que más nos descoloca. Hay cambios que llegan de golpe, como un portazo en mitad de la noche, y otros que avanzan tan despacio que solo los percibimos cuando ya somos otra persona.

Los cambios abruptos son esos que rompen la línea recta de la vida sin pedir permiso. Llegan con la violencia del «ya no hay vuelta atrás»: una llamada inesperada, una noticia médica que no imaginabas, una ruptura que no viste venir, un despido fulminante. Son terremotos que ponen el cuerpo en alerta máxima, que activan todos los sistemas internos de emergencia. La respuesta natural es el *shock*, esa sensación de ir un paso por detrás de la realidad, intentando comprender qué ha pasado mientras el mundo sigue moviéndose sin esperarte. Cuando el cambio es abrupto, lo primero que perdemos es el suelo.

En el extremo contrario están los **cambios lentos, progresivos**, los que se deslizan como una grieta que avanza milímetro a milímetro. No traen estruendo, pero desgastan. No puedes señalar un día exacto en el que todo cambió; simplemente la vida se ha ido transformando sin prisa, pero sin pausa. A veces son procesos inevitables: envejecer, que tus criaturas crezcan, que una relación se enfríe, que la motivación laboral se vaya disipando como las burbujas de una botella de refresco en la nevera. Otras, son pequeñas renuncias encadenadas. Lo complejo de estos cambios es que exigen una resistencia silenciosa: la del cansancio acumulado, la de sostener algo que pesa poco, pero pesa cada día. Son como cargar una mochila con piedras pequeñas: ninguna es insostenible por sí sola, pero juntas te llevan con la lengua fuera.

Y luego están los **cambios anticipados**, los que todavía no han llegado, pero se viven. La espera se convierte en parte del proceso: planificar una mudanza meses antes; prepararse para una operación; saber que una relación se acabará, aunque aún no se haya terminado; intuir que un ciclo vital se está cerrando y que pronto habrá que despedirse. Este ritmo tiene una peculiaridad: nos hace vivir el cambio dos veces. Primero en la cabeza, con todas las fantasías, miedos y escenarios posibles, y después en la realidad. Es el duelo anticipado, esa mezcla de ansiedad y tristeza que aparece cuando sabemos que algo valioso se transformará o desaparecerá. Anticipar también desgasta, porque el cuerpo adelanta los efectos de un futuro que todavía no ha llegado.

Cómo respondemos a estos ritmos depende de nuestra **flexibilidad emocional y cognitiva**. Investigaciones como las de L. Rademacher o la de E. Spikol nos muestran que quienes logran alternar entre distintos estados emocionales y adaptarse cognitivamente a situaciones inesperadas atraviesan los cambios con mayor resiliencia y menor desgaste emocional. Incluso en personas que han vivido traumas, la forma como regulan sus emociones —su flexibilidad— se relaciona directamente con su capacidad para sobreponerse y recuperarse.

El ritmo —rápido, lento o anticipado— determina tanto como el cambio mismo. Afecta a cómo lo entendemos y cómo lo sentimos en el cuerpo. No es lo mismo recibir una noticia a primera hora de la mañana que atravesar un proceso que se estira durante meses. Y, sin embargo, en todos los casos hay algo que une nuestras experiencias: necesitamos **tiempo, espacio y cuidado** para integrar lo que está pasando, para recolocarnos frente a lo nuevo y despedirnos de lo que fue o ya no va a ser.

Al final, no importa solo qué cambia, sino cómo
lo hace y de qué manera nos transforma.

Comprender que el ritmo impacta en nuestro cuerpo y mente nos permite hacer algo esencial: **comprendernos mientras atravesamos la vida**.

Cómo afecta a D'Artagnan tener o no a los mosqueteros de su parte: A. P. A. (agencia, previsibilidad, aspiración)

Dicen que los tres mosqueteros y D'Artagnan eran inseparables. Siempre iban juntos, y aunque cada uno tenía su propia personalidad, cuando se encontraban con un desafío, la fuerza del grupo era lo que marcaba la diferencia. Cuando ocurre un cambio, disponer de herramientas puede transformarlo todo. Los tres mosqueteros del cambio son la agencia, la previsibilidad y la aspiración. Sí, tienen las mismas iniciales que Athos, Porthos y Aramis.

- **Agencia:** Es la sensación de **tener las riendas**. Es cuando percibes que tú eliges, decides, actúas. Como cuando D'Artagnan se lanza a la aventura no porque lo empujen, sino porque quiere encontrar su lugar en el mundo. Los cambios que elegimos, aunque también tienen sus dolores, se viven de otra manera. No nos desgarran igual porque carecer del sentimiento de agencia nos convertiría en meros espectadores y víctimas en la historia.

- **Previsibilidad:** Es saber, conocer, aunque sea un poco, **lo que viene**. Es decir, que el futuro sea esperable. Es evidente que nunca hay nada del todo claro, pero existen señales que nos indican que vamos por un camino u otro. Sería como el mapa arrugado que los mosqueteros consultaban antes de entrar en batalla. Cuando podemos anticipar lo que vendrá, el miedo sigue existiendo, pero se vuelve más manejable porque ya hemos previsto cómo lo podemos sortear. Como decía Rocky Balboa: «La preparación es la clave del éxito».

- **Aspiración:** Hace referencia a **la existencia de deseo**. Es la respuesta al «para qué» del cambio. Es como el anhelo de justicia, honor y pertenencia que unía a los tres mosqueteros y a D'Artagnan. Cuando el cambio conecta con algo que anhelamos, que deseamos, tener motivos nos da fuerza para sostener la incertidumbre y estar dispuestas a realizar el esfuerzo que conlleva a todos los niveles, aunque no siempre haya ganas.

> Conviene recordar que la motivación no va
> de tener ganas, sino motivos para hacerlo.

Cuando estos tres mosqueteros están presentes, es más probable que los cambios se vivan (aunque sea a ratos) desde la oportunidad y la ilusión. Sin embargo, cuando falta alguno o directamente los tres y no hay elección, ni hay aviso ni hay deseo, a D'Artagnan (en este caso, a ti) el camino se le hace más empinado. Por esta razón, antes de juzgar cómo se adapta al cambio, aunque esa persona seas tú misma, conviene preguntarse: **¿cómo estaban los tres mosqueteros el día que se produjo el cambio o cuando D'Artagnan fue consciente de él?**

Un cambio puede ser bienvenido porque lo quieres, decides y esperas, como mudarte a una nueva casa después de haberte pasado meses buscando, y, aun así, generarte incomodidad por tener que despedirte de los vecinos de enfrente, esos que tan bien te caen, y tener miedo a no trabar una buena relación con los nuevos. Sin embargo, cuando un cambio **no es deseado, no lo elegimos** y además **nos sacude sin aviso, como puede ser que tu casera te diga que te tienes que ir de tu hogar**, el impacto puede ser devastador. La evidencia nos dice que, cuanto más descontrolado, abrupto y no deseado sea el cambio, **más recursos emocionales y apoyo necesitaremos para integrarlo**.

Estas combinaciones importan, porque no es lo mismo tener tiempo para prepararse que recibir una noticia que nos deja sin aire. No es igual renunciar a algo con convicción que verse obligado a soltar sin haberlo decidido. Y tampoco cambiar por decisión propia que hacerlo porque no nos queda otra.

**Entender estas diferencias nos ayuda
a poner nombre al dolor, y también
a validarlo.**

Porque a veces no entendemos por qué algo nos afecta tanto, y es que, en realidad, **es la suma del qué y el cómo**.

Los «qué» que nos importan

Los «qué» que nos importan son las áreas o partes de nuestra vida a las que afecta el cambio. A veces cambia la situación y también el papel que teníamos en ella; otras, el cambio es negado y silenciado por la sociedad y también por nosotras mismas. Me encantaría que esta sección recogiera cada una de las posibilidades y casuísticas que una persona puede afrontar como fuente de cambio en su vida y voy a tratar de hacerlo, pero pido disculpas de antemano si la tuya no encajase en ninguna de las categorías. Es posible que sea una mezcla de todas.

Para mí es importante establecer esta categorización porque permite visibilizar lo que nos afecta, duele y requiere de procesos, tiempo, consciencia, decisiones y acción por nuestra parte. También porque me permite poner encima de la mesa lo que solo algunas conocemos de primera mano mientras que otras, afortunadamente, no lo vivirán en su vida. Sin embargo, es necesario conocerlo porque implica que, si te toca vivirlo en primera persona o acompañar a alguien en el proceso, podrás tener **la oportunidad de validar, dar espacio y acompañar.**

A veces acompañar no requiere ninguna palabra, solo la presencia, porque hay cambios en la vida que arrasan. Poder contar con una mano que sostenga la tuya mientras recorres el camino facilita la travesía, y creo que no somos conscientes de cuánto.

Cuando lo que cambia es el amor

Somos una especie social: **necesitamos el vínculo para desarrollarnos y sobrevivir.** Es tan vital como comer o dormir, se trata de alimento emocional. Desde el nacimiento, dependemos de los otros para ser. El experimento de H. Harlow con monos mostró que, aunque tuvieran hambre, los bebés primates preferían acurrucarse con una madre de felpa antes que con una de alambre que les daba leche. El contacto afectivo pesa más que el alimento físico. Más tarde, Tronick descubrió el impacto de la falta de respuesta materna: los bebés se angustian cuando no reciben señales emocionales. En orfanatos rumanos, M. Rutter demostró que la carencia de cuidado afectivo produjo dificultades graves de relación, regulación emocional y aprendizaje, incluso tras la adopción.

El vínculo temprano moldea cómo nos sentimos con nosotros mismos y con el mundo, pero también las relaciones posteriores. Vivir en soledad daña tanto como una enfermedad crónica: debilita el sistema inmune, aumenta el riesgo de depresión y de enfermedades cardiovasculares y reduce la esperanza de vida. El estudio de Harvard sobre el desarrollo adulto, iniciado en 1938 y dirigido por George Vaillant, confirmó algo simple y profundo: los factores que más influyen en la salud y en la felicidad a largo plazo no son logros ni dinero, sino **vínculos emocionales sólidos**. Durante más de 80 años, los investigadores siguieron a más de 200 hombres y vieron que quienes se sentían queridos y apoyados mostraban mejor salud física y mental incluso en la vejez. Y es que, como dice Vaillant: «El amor es lo que realmente mantiene a las personas felices y saludables».

Cuando un vínculo importante termina o cambia, aparece una herida invisible pero real. Puede ser una **ruptura explícita** —muerte, traición, divorcio— o un **distanciamiento silencioso**. Duele que alguien deje de ocupar un lugar vital en nuestra vida, eso nos afecta emocional y físicamente. Investigaciones como la de N. I. Eisenberger muestran que una ruptura significativa activa las mismas áreas cerebrales que el dolor físico, por eso hablamos de corazón roto o vacío en el pecho. Como estudió T. Field, también provoca ansiedad por separación, insomnio, cambios en el apetito y sensación de amenaza. Si el vínculo era una fuente de seguridad emocional —pareja, familiar, amistad—, P. R. Shaver y M. Mikulincer descubrieron que esta pérdida puede afectar a la identidad, la autoestima y la capacidad de autorregulación. Por último, K. J. Doka halló evidencias de que la ausencia de apoyo agrava el dolor, especialmente en duelos desautorizados (por ejemplo, un bebé que muere durante la gestación, una ruptura de pareja, el fallecimiento de un animal querido).

> La ciencia confirma que cuando un vínculo muere, o cambia, no solo lloramos a la persona, sino todo lo compartido: proyectos, pertenencia y parte de nuestra historia.

Cuando lo que cambia es el cuerpo o algún aspecto de la identidad

El cuerpo es nuestra historia de vida hecha carne. El libro de nuestra existencia. La biografía y el mapa del alma que lo habita. Como un tronco talado cuyos anillos revelan la edad del árbol y su historia climática: sequías, abundancia, incendios, plagas.

A veces, al mirarnos al espejo o en fotos, no nos reconocemos ni por fuera ni por dentro. **Hay cambios internos que no se ven:** dejar de identificarnos con el sexo que nos tocó; perder interés en una profesión; distanciarnos de amistades, familia o creencias. **También están los ligados al cuerpo:** altibajos hormonales, maternidad y posparto, perimenopausia y menopausia. **Transformaciones que quizá no se notan, pero que tú sientes:** la neblina mental, no recordar dónde dejaste algo o el insomnio que te mantiene despierta hasta altas horas, como un búho vigilante.

Según los estudios de R. Singh y D. Kapoor, así como los de L. Licea Puig y S. Mousavi, durante la andropausia, los hombres experimentan una reducción gradual de testosterona que provoca cambios físicos y emocionales: disminución de la libido, disfunción eréctil, pérdida de masa muscular, aumento de grasa, fatiga, irritabilidad o depresión, problemas de memoria y de concentración y mayor riesgo de osteoporosis. Estos cambios también pueden desencadenar crisis de identidad que llevan a replantearse la vida. La intensidad varía según la edad, las hormonas y el contexto.

Al final, la vida nos obliga a despedirnos
de versiones de nosotras que ya no están,
de personas y grupos con los que dejamos
de congeniar y de sueños y deseos
que cambian.

A veces el cambio es silencioso y confuso; otras, evidente y abrupto. La transformación de la identidad puede ser una metamorfosis, como la de las mariposas, o algo más sutil que va dejando poso con cada experiencia vivida.

Hay momentos en los que la transformación no se ve desde fuera, pero por dentro lo cambia todo: darte cuenta de que ya no encajas en tu profesión, que ciertas creencias que antes te daban seguridad ahora te oprimen o que tu cuerpo señala una transición, ya sea un cambio hormonal, un diagnóstico, un embarazo, la menopausia o una cicatriz que te recuerda que no eres la misma persona. También están los **cambios más sutiles**: dejar de necesitar gustar a todos, empezar a decir lo que piensas o quererte con la misma fuerza con la que antes te exigías o te exigían.

Cuando lo que cambia es el propósito

A veces todo lo que tenía sentido en nuestra vida deja de tenerlo. Aquí entran las crisis existenciales o vocacionales: momentos en los que pierdes la motivación; no solo las ganas de hacer, sino los motivos para hacerlo. **Pierdes el «para qué» de tus acciones.** Puede ocurrir por un *burnout* —sentirte agotada tras haber pasado años en una profesión que antes amabas, o cuidando de alguien sin apoyo— o por cambios que alteran tus prioridades y ya no te representa lo que haces. Por ejemplo, una docente que deja de disfrutar de enseñar o una profesional de la salud que cuestiona si su esfuerzo realmente ayuda. Esto activa un duelo por el sentido de la vida y puede afectar a tu identidad, porque **lo que antes te definía y te daba reconocimiento ya no refleja quién eres ni quién quieres ser.**

Cuando el cambio implica la ausencia de algo o alguien

La muerte es el cambio que más asociamos al duelo. Pero también existen, como bien apunta la psiquiatra y escritora suizoestadounidense Kübler-Ross en su libro *Sobre la muerte y los moribundos*, **pérdidas simbólicas o parciales**. Por ejemplo, tener a alguien a quien queremos lejos debido a la distancia física o a circunstancias que impiden compartir momentos; distanciarse de un amigo que antes era un pilar de apoyo emocional y ahora está ocupado en su propia vida, o alejarse de un familiar que, aunque presente, ya no ofrece la cercanía o la disponibilidad afectiva que antes brindaba. Aunque la persona no se haya ido físicamente, su ausencia funcional o emocional también activa un duelo, porque nos enfrentamos a la pérdida de lo que esperábamos, de algo con lo que contábamos, de lo que nos sostenía en nuestra vida diaria.

Cuando el dolor por el cambio no puede ser ni reconocido ni llorado: los duelos desautorizados

Existe dolor porque hay amor, pero **hay amores que la sociedad no reconoce ni permite:** el de unos padres por una criatura que muere durante el embarazo, el parto o poco después de nacer; el de alguien que comparte su vida con una persona comprometida; el de quien considera a un animal parte de su familia. Hay pérdidas igual de dolorosas que no reciben permiso social para ser nombradas: dejar una relación porque cambia el proyecto de vida; despedirse de un grupo al que ya no se pertenece; cortar lazos familiares para proteger la salud mental; mudarse a otro país y añorar una casa, un idioma, un olor. Incluso decidir no ser madre, padre o vivir en pareja implica **duelos invisibles, vividos en silencio y rodeados de juicios**.

Son los llamados duelos desautorizados: **no hay rituales, espacio ni acompañamiento**. No tener una mano que sostenga aumenta el dolor y deja heridas profundas que nadie valida.

Los «cómo» y sus consecuencias

Imagina que vivir es cruzar un puente colgante y que el cambio es como el tiempo atmosférico. A veces sopla un levante ligero: **el puente se tambalea**, y tú con él, pero pronto recuperas el equilibrio. Son cambios que sorprenden, alteran algo y tienen solución. La modificación de una cita, que alguien se nos adelante en la compra de una casa: inquietan, pero no nos rompen. Otras veces el viento sopla más fuerte. **Sacude el puente y pierdes el equilibrio.** Aparece el miedo y hay que hacer una pausa. El cambio impacta más: puede ser inesperado y no deseado, como una ruptura, una pérdida, un diagnóstico; o esperado, pero no elegido, como mudarse por obligación o que te despidan del trabajo. Aquí se activa el duelo: no solo porque algo o alguien ya no está, sino porque requiere que parte de nosotras cambie. Por último, a veces se levanta un huracán que rompe las cuerdas y nos deja colgando, como en *Indiana Jones*.

Eso es un cataclismo: un antes y un después.

La vida como la conocíamos desaparece. Muertes súbitas, accidentes, pandemias, traumas acumulados, crisis profundas… obligan a reconstruirse por completo.

Neimeyer nos advierte que en los cambios el duelo aparece como respuesta natural, aunque no siempre lo reconozcamos. No es una etapa, sino un proceso: la manera en que cuerpo y mente acomodan el cambio, se adaptan a la nueva realidad y recuperan coherencia, conectando con el sentido de vivir.

El referente clásico en procesos de duelo es el **modelo de fases de Elisabeth Kübler-Ross** y sus **famosas cinco etapas: negación, ira, negociación, depresión y aceptación**. Como ya dijimos, no es un camino obligatorio ni lineal, y es posible que no pasemos por todas las fases, tal como aclaró la propia autora. Sin embargo, reflejan sentimientos comunes ante el caos de ciertas situaciones: incredulidad, rabia, el deseo desesperado de volver al pasado para repararlo, tristeza profunda y, con el tiempo, cierta forma de aceptación (que no es conformismo, sino presencia). Como ella decía, «hay duelos que nunca concluyen», simplemente aprendemos a vivir con la ausencia presente.

Otro de los modelos que me gustan sobre el proceso de duelo es el de **tareas** del psicólogo estadounidense William Worden. La palabra «tarea» implica actividad, porque interpela a nuestra persona y papel en ese proceso de sanación (algo así como cuando haces un curso de primeros auxilios y aprendes cómo debes curarte una herida para que no se infecte y te acabe mandando al otro barrio). Estas son:

Quiero dejar claro que, a pesar de que los modelos puedan hablar de etapas y tareas y en nuestra cabeza aparezcan como una secuencia o una escalera ascendente, **el proceso se parece más a una espiral, a un ir y venir** que se repetirá con más o menos frecuencia según la magnitud de la herida, porque, como ya te dije, no es lo mismo un corte que una amputación.

El impacto somático del cambio

Cada cambio, incluso el más sutil, no solo sacude nuestra mente: **también resuena en el cuerpo**. Y no hablo solo con metáforas: cuando estamos en duelo o atravesando una transformación importante, el cuerpo habla, y muchas veces más alto que la cabeza. Podemos notar tensión en los hombros, fatiga que no se va, dolor de cabeza, dificultades para dormir, pérdida de apetito o molestias físicas que nos sorprenden.

Los estudios, como, por poner un ejemplo, el de B. K. Thiege y otros, lo confirman: **las personas en duelo reportan**

más síntomas físicos que quienes no han vivido una pérdida significativa. Además, existe evidencia de que el duelo prolongado se relaciona directamente con la somatización: muchas personas presentan un malestar físico elevado, incluso sin una causa médica aparente. Una revisión sistemática realizada por J. Cunningham y sus compañeros descubrió que un 72 por ciento de los estudios detectaban una asociación moderada o fuerte entre el duelo prolongado y problemas físicos: insomnio, enfermedades crónicas o angustia corporal.

En otras palabras: cuando cruzamos ese puente y el viento nos zarandea, o incluso lo destruye, no solo sentimos miedo o tristeza. Nuestro cuerpo también se tensa, se cansa y puede enfermar si no le prestamos atención.

Reconocer esta huella corporal del cambio es esencial para acompañarnos con comprensión y cuidado.

Los tiempos del cuerpo no siempre coinciden con los de la mente. Podemos ser conscientes de que ha cambiado algo o de que necesitamos hacer un cambio y sentir que nuestro cuerpo no responde igual, o incluso que nos frena. En esos momentos, vale la pena detenerse y escucharlo. Como nos advierte Zabian en *The Only Constant*, **nuestro cuerpo a veces confunde familiaridad con seguridad**: por eso nos mantenemos en situaciones y relaciones que no nos hacen bien o incluso nos dañan. A veces la rutina, una situación o un hábito nos resultan cómodos y nuestro cuerpo interpreta esa familiaridad como protección, aunque no lo sea.

Por eso vale la pena detenerse y escucharlo. Debemos darle al cuerpo el mismo espacio que le proporcionamos a la mente: permitirnos sentir, validar lo que ocurre y acompañar esa experiencia. Una pregunta útil puede ser simple, pero poderosa: **¿cómo está sintiendo mi cuerpo este cambio, elegido o no?** Escucharlo es empezar a entendernos mejor y a acompañarnos con respeto y cuidado en cada paso del puente que cruzamos.

La temporalidad del cambio

El tiempo también forma parte del cambio, y no siempre fluye igual. Un cambio puede parecer fugaz o eterno, dependiendo de su intensidad, de cómo lo vivimos y de cuántos otros se acumulen en nuestra vida.

Esa duración no se mide en horas o días: es una experiencia subjetiva y profunda.

Algunos momentos parecen pasar en un suspiro: puede ser solo una sacudida leve, un reajuste rápido, y luego todo vuelve a una nueva normalidad casi sin darnos cuenta. Sin embargo, otros cambios —sobre todo los que causan duelo profundo— provocan la sensación de que el tiempo se estira: los días pesan, y es como si el puente estuviera siempre temblando. **Esta percepción del tiempo no es solo emocional:** estudios sobre el tema, como el de P. Vignaud, muestran que, ante el estrés, la pérdida o la ansiedad, nuestra experiencia temporal puede ralentizarse, volverse más densa.

Además, como bien nos explica J. Didion, los procesos de adaptación no suelen ser lineales. El duelo no se cierra con una fase final, sino que puede reactivarse. Hay aniversarios, recuerdos, momentos que nos revuelven el cuerpo y la mente. Entonces el viento vuelve a soplar, aunque creyéramos que habíamos dejado la tormenta atrás. Por eso digo que no es una escalera, sino una espiral: avanzas, retrocedes, vuelves a pasar por el mismo punto del puente, tal vez con mayor consciencia, quizá con más calma, o puede que con el mismo vértigo.

La huella del cambio: lo que pasa, lo que no pasa y cómo nos transformamos

Hay cambios que nadie ve, pero que dejan huella. A veces no duelen las cosas que ocurren, sino las que no llegaron a pasar: una oferta de trabajo que no salió, la vida que imaginaste con alguien que no llegó a ser, una oportunidad que elegiste dejar ir. Esos duelos silenciosos, los de lo que no fue, suelen ser los más difíciles de nombrar: no tienen fechas, rituales ni palabras, y sin embargo, nos atraviesan porque son una pérdida real, ya que implican despedirse de una posibilidad, de una versión de nosotras que ya no será. «Duelar» la expectativa.

No todo cambio nos viene dado. Algunos nacen dentro de nosotras y nos obligan a zarandear el puente: dejar una relación, cambiar de rumbo profesional, poner límites por primera vez. Estas experiencias pueden doler y exigir esfuerzo, pero el dolor es un mensajero necesario que indica que algo dentro de nosotras está cambiando y que requiere atención.

Los microduelos están por todas partes, aunque pasen desapercibidos: cuando cambian el amor, la identidad, el propósito, una relación… o incluso cuando todo sigue igual, pero tú ya no. Cada transición tiene su ritmo y su idioma. Algunas nos tumban, otras apenas se notan, pero todas dejan huella. Todo cambio implica una parte que se despide y otra que comienza no desde cero, sino desde lo que ya somos.

Porque lo importante es lo que ocurre, cómo nos relacionamos con ello y dónde nos pilla como personas.

Incluso los cambios que decidimos implican duelo. El modelo transteórico del cambio de Prochaska y DiClemente explica cómo la consciencia de la necesidad de cambiar, la toma de medidas y el mantenimiento de nuevos hábitos ocurren con dudas, miedos y posibles recaídas. No es lineal: avanzamos, retrocedemos, aprendemos.

Cada cambio —pequeño, grande, visible o invisible— nos invita a adaptarnos. No siempre es inmediato: implica reorganizar cómo pensamos, sentimos y nos vinculamos con el mundo.

Pero antes te propongo hacer una pausa y mirar hacia dentro.

EJERCICIO

Mirar hacia dentro

Piensa en los cambios que has atravesado en los últimos años:

- ¿Cuáles sientes que elegiste y cuáles te eligieron a ti?
- ¿Cuáles fueron pequeños y cotidianos y aun así te dolieron?
- ¿Hay alguno que todavía sientes que no has podido nombrar o permitirte sentir?

Puedes escribirlos si te ayuda, o ponerles nombre mentalmente. Clasifícalos con las categorías que hemos visto: elegidos o no elegidos, grandes o pequeños, visibles o invisibles, autorizados o desautorizados. Se trata de **reconocerlos**. Porque solo cuando identificas **qué cambió** y **qué parte de ti se modificó con ello** puedes empezar a acompañarte de otra manera en el proceso.

Algunas pérdidas no se ven, pero dejan huella, como ya hemos leído. **La acumulación de reajustes, incluso los considerados positivos** —como mudarse, casarse o iniciar un nuevo proyecto—, **puede afectar a nuestra salud y bienestar**, como mostró la escala de reajuste social de Holmes y Rahe.

Todo acontecimiento vital requiere un reajuste, un esfuerzo de adaptación emocional y física, y cuantos más cambios se acumulan en un periodo corto, mayor es el riesgo de somatización, ansiedad o agotamiento.

Con el tiempo entendemos que existen pérdidas invisibles o duelos no autorizados que también dejan huella. La infertilidad, la muerte de un amigo animal, una amistad que se apaga, los cambios que experimenta el cuerpo al envejecer o incluso las oportunidades que dejamos pasar son microduelos que atraviesan nuestro cuerpo y nuestra mente, aunque nadie los vea. A veces no hay ni rituales, ni fechas ni palabras, y aun así nos conmueven y requieren de un proceso de acompañamiento y reconocimiento.

Por eso es fundamental reconocer y nombrar los cambios: los que elegimos, los que nos eligieron, los visibles y los invisibles. Solo así podemos prestar atención a cómo nos sentimos, validar lo que ocurre, acompañar nuestra experiencia y empezar a reconstruirnos con consciencia y cuidado.

Por eso te propongo una versión ampliada de la escala de Holmes y Rahe, donde he tratado de incluir el máximo posible de situaciones que pueden haberte marcado, visibles o invisibles, nombradas o silenciadas.

EJERCICIO

Revisa las huellas

1. Lee cada evento y marca los que hayas vivido en los últimos dos años o que aún te parezca que están activos.
2. Si un evento ocurrió más de una vez, suma las puntuaciones según el número de incidencias.
3. Calcula tu puntuación total.
4. Revisa la interpretación al final.

Respira antes de mirar el resultado. Esto no mide tu dolor ni lo compara, sino que te muestra cuánto esfuerzo está suponiendo adaptarte.

ESCALA AMPLIADA DE REAJUSTE VITAL Y DUELO

1. Duelos y pérdidas

N.º	Acontecimiento	Puntuación
1	Muerte de la pareja o cónyuge.	100
2	Muerte de descendiente	95
3	Duelo perinatal (pérdida gestacional o neonatal)	90
4	Muerte de un familiar cercano (padres, hermanos)	85
5	Muerte de un amigo animal	70
6	Ruptura de pareja o divorcio	80
7	Ruptura de vínculo afectivo significativo (amante, relación no reconocida)	70
8	Pérdida de amistad importante o de mentoría	60
9	Distanciamiento de una red, comunidad o grupo de pertenencia (religioso, laboral, patrio, ideológico)	60

2. Salud, cuerpo e identidad

N.º	Acontecimiento	Puntuación
10	Enfermedad grave propia	75
11	Enfermedad grave de un ser querido	65
12	Cambios del cuerpo y etapas vitales (adolescencia, posparto, menopausia, perimenopausia, envejecimiento)	55
13	Cambio importante en la salud, imagen corporal o autonomía	60
14	Infertilidad o duelo por no tener hijos	75
15	Transición de identidad personal o de género	75

N.º	Acontecimiento	Puntuación
16	Violencia física, sexual o psicológica	90
17	Crecer o vivir en un entorno emocionalmente negligente	80
18	Pérdida de confianza profunda en alguien o en ti misma	65

3. Vínculos, familia y roles

N.º	Acontecimiento	Puntuación
19	Nacimiento o adopción de un descendiente	65
20	Conflictos graves o dificultades en la crianza	50
21	Emancipación de los hijos (nido vacío)	45
22	Cuidado de un familiar dependiente	55
23	Cambio importante en la dinámica familiar (cuidadora, padres mayores)	50
24	Ruptura o distanciamiento con una amistad cercana	55

4. Trabajo, estabilidad y entorno

N.º	Acontecimiento	Puntuación
25	Pérdida del trabajo o situación laboral inestable	70
26	Cambio de empleo o transición profesional significativa	50
27	Jubilación o cambio drástico de rol profesional	55
28	Problemas económicos graves	65
29	Cambio importante en la situación económica (ganancia o pérdida)	45
30	Mudanza o cambio de vivienda	50

N.º	Acontecimiento	Puntuación
31	Migración o cambio de país	65
32	Pérdida de sentido de seguridad o pertenencia	65
33	Pandemia u otro evento colectivo traumático	60

5. Cambios internos, creencias y proyectos

N.º	Acontecimiento	Puntuación
34	Cambio importante en cuestiones de fe, valores o creencias	60
35	Duelo por etapa vital que termina (proyecto, relación, identidad, juventud)	45
36	Cambio importante en hábitos de salud, sueño o alimentación	35
37	Cambio significativo en rutina o estilo de vida	25
38	Inicio o fin de terapia psicológica	40
39	Cambio positivo importante que exigió adaptación (nueva pareja, ascenso, mudanza deseada)	35

Interpretación de la puntuación:

0–150 puntos: Quizá tu vida esté en un momento de cierta estabilidad. Aun así, no subestimes los cambios diarios: también cansan y transforman. Este puede ser un buen momento para escucharte y cuidar tu energía.

150-299 puntos: Has vivido varios cambios que han requerido esfuerzo emocional. No es extraño que sientas cansancio, dificultad de concentración o altibajos en el ánimo. No es debilidad: es que tu sistema se está ajustando. Date permiso para parar, pedir ayuda o descansar. Estás haciendo un trabajo interno profundo, aunque no siempre se vea.

300 puntos o más: Estás atravesando muchos procesos a la vez. Tu cuerpo y tu mente están sosteniendo mucho peso. Si te sientes desbordada, hipersensible o agotada, es completamente humano. Busca apoyo, baja el ritmo y reconoce que necesitas descanso. No tienes por qué poder con todo tú sola.

Para reflexionar

- ¿Qué cambios de esta lista nunca habías nombrado como duelos?
- ¿Qué apoyos te sostuvieron en los momentos difíciles?
- ¿Qué parte de ti necesita ahora reconocimiento, espacio, cuidado o comprensión?

No somos máquinas que se reajustan automáticamente. Somos personas: con cuerpos, memorias y emociones que sienten cada giro de la vida. A veces, el simple acto de **reconocer aquello que ha cambiado es el primer paso para adaptarnos al cambio de forma exitosa**. Recuerda que cada marca que has hecho en la escala anterior es una huella que ha dejado la vida en ti: una prueba de que has amado, perdido, crecido y seguido adelante. Y si algo revela este ejercicio es esto: **seguir aquí, a pesar de todo lo que has atravesado, es un logro**.

Cuando te sientas perdida, abrumada o fuera de control, recuerda:

- **Todo cambio implica un duelo**, aunque no siempre lo reconozcamos, y merece respeto y acompañamiento.
- **Elegir también duele:** incluso los cambios deseados traen despedidas.
- **Los cambios acumulados pueden pesar tanto como los grandes.**
- **Cada cambio es una oportunidad** para mirarte con más compasión y menos juicio.

3

NO ES SOLO LO QUE PASÓ, ES LO QUE SIGNIFICA PARA TI Y PARA TUS CIRCUNSTANCIAS

El contexto lo es todo

Cada vez que la vida nos cambia el plan o nosotras decidimos hacer alguna modificación, no lo vivimos solo con la cabeza, sino de forma integral, con todo el cuerpo, con el corazón, acompañadas por la historia que traemos, por los vínculos que tenemos, por el contexto que nos sostiene (o no). Por eso, **hablar de cambio** y mirarlo desde una perspectiva reduccionista **sin tener en cuenta el contexto interno y externo es como leer una novela sin personajes ni escenario: no vamos a entender la historia**.

Hemos visto que algunos cambios nos tambalean, otros nos sacuden y otros directamente nos arrasan. **Pero ¿por qué lo que a una persona la afecta levemente para otra es el fin del mundo?**

Cuando la vida cambia, no lo hace dentro de una cámara de vacío. Ocurre en un entorno donde, a la vez, pasan otras cosas, vivido por personas con una historia, una memoria y unas creencias sobre cómo funciona el mundo y cómo deben ser en él. Es como si fuéramos casas hechas con distintos materiales —adobe, madera, ladrillo, cemento— y levantadas en terrenos diferentes: suelo firme, arena o incluso un acantilado. El mismo terremoto no afecta igual a todas. **El impacto depende de con qué están construidas y del suelo que las sostiene.** Con las personas ocurre exactamente lo mismo.

Nuestros mundos interno y externo se entrelazan para hacer que un cambio sea vivible, asumible o devastador.

Estos dos mundos crean una red (como la de los equilibristas cuando están en la cuerda floja) que, aunque invisible, puede facilitar la adaptación y la transición en tu interior y convertirse en recurso y sostén o, por el contrario, dificultarlas y volverse un obstáculo. Por eso, entender cómo se entrelazan e influyen el contexto interno y el externo es clave para comprender por qué un mismo acontecimiento puede vivirse de formas tan distintas. **Cada persona vive y transita el cambio desde su propia unicidad.**

El **contexto interno** de un individuo está formado por sus creencias y valores, su experiencia previa, su aprendizaje, su madurez emocional, su autoestima y autoconcepto, las estrategias que ha aprendido para afrontar el dolor, sus deseos y motivaciones, la historia que se cuenta sobre quién es y qué puede esperar de la vida. También incluye su posible conexión con lo espiritual o trascendente, su estado físico y neurobiológico y el momento vital en el que se encuentra. Todo eso serían los materiales que constituyen la casa: el contexto desde el que una persona interpreta, decide y responde ante un cambio.

El **contexto externo** está formado por lo que rodea a la persona y que en gran medida escapa de su control: los vínculos que apoyan o hieren, el entorno familiar y sociocultural, las condiciones socioeconómicas que abren o cierran puertas, el momento histórico, las exigencias o presiones laborales, los recursos disponibles para afrontar dificultades —terapia, tiempo, cuidados— y el acceso real a ellos. También pesan los mensajes sociales sobre lo que se debería ser o hacer. Este contexto, a veces amable y otras hostil, influye también en cómo atravesamos un cambio.

Ahora me gustaría abrir un paréntesis para subrayar algo que se nos olvida, o que una parte de la sociedad preferiría que olvidáramos: **no todas las personas partimos del mismo punto** ni contamos con las mismas redes, oportunidades o margen de maniobra. **La igualdad de oportunidades sigue siendo una asignatura pendiente**, y la meritocracia no deja de ser una falacia elegante que ignora las condiciones reales de partida. Porque hay situaciones en las que, por más esfuerzo que pongas, el resultado no depende solo de ti.

El experimento del juego del *Monopoly* del psicólogo Paul Piff lo ilustra de forma casi dolorosa. En una partida de *Monopoly* manipulada, uno de los jugadores recibía el doble de dinero, tiraba los dados dos veces más y partía con ventajas desde el inicio. En poco tiempo, ese personaje privilegiado se mostraba más altivo, interrumpía más y atribuía su éxito a su habilidad, minimizando por completo el papel de la suerte. Como señalan los autores: «Los participantes con más recursos mostraron comportamientos más egoístas y una mayor sensación de merecimiento, incluso cuando sabían que el juego estaba manipulado desde el inicio».

Así que sí: las condiciones de partida no solo influyen en la posibilidad real de lograr un objetivo, sino también en la actitud que desarrollamos ante la vida y ante los demás.

Muchas veces, en consulta, veo cómo tratamos de adaptarnos a un cambio comparándonos con otras personas, **sin tener en cuenta las cartas con las que llegamos a la mesa**. Ahora bien, seamos sinceras: no es lo mismo atravesar un cambio con recursos económicos, una red de apoyo y acceso a cuidados que hacerlo desde la precariedad, la soledad o el estigma. No es lo mismo reinventarse con un colchón económico que transitar un terremoto mientras haces malabares para sobrevivir. Y tampoco es igual procesar un cambio inesperado desde un cuerpo sano que desde uno que convive con el dolor, el cansancio o la enfermedad.

Para la terapia de aceptación y compromiso (ACT), **el primer paso es mirar con honestidad desde dónde partimos, tanto interna como externamente**. Es un trabajo de aceptación: permitir que nuestra historia —lo que vivimos, nos faltó y nos sostiene hoy— sea como es sin juicio. Solo entonces podemos comprometernos con acciones que nos acerquen a una vida más coherente y significativa para nosotras. Porque difícilmente podemos transformarnos si no somos capaces primero de reconocer las condiciones que nos han moldeado. La frase del filósofo Ortega y Gasset, **«Yo soy yo y mi circunstancia, y si no la salvo a ella no me salvo yo»**, no puede ser más acertada como resumen.

Tú y tus movidas internas: cómo influye lo que llevas dentro cuando algo ha cambiado fuera

Como he adelantado antes, las personas venimos cargadas de experiencias gratas, ingratas y horribles; creencias, reglas y convicciones; vínculos, inseguridades, sueños y formas de entender el mundo que condicionan en gran parte cómo reaccionamos cuando algo cambia.

Una de las piezas clave es la **valoración interna** del cambio. Como investigaron Lazarus y Folkman, ante un giro, lo primero que hacemos es, casi sin darnos cuenta, una evaluación automática. Tu cerebro se pregunta: «¿Esto me afecta? ¿Es una amenaza, pérdida, desafío, liberación? Y sobre todo ¿tengo recursos o me desborda?».

A partir de ahí, se activan las estrategias de afrontamiento: formas de responder ante lo que ocurre. Algunas buscan resolver (pedir ayuda, informarse, tomar decisiones) y otras, calmar (llorar, descansar, distraerse, hablar, meditar). Todas, incluso las más imperfectas, aparecen para ayudarnos a sobrevivir al cambio y adaptarnos. Cuando el oleaje se calma un poco, entonces hacemos balance. Nos preguntamos: «¿Estoy mejor así? ¿La situación de cambio me transformó de alguna manera? ¿Qué me enseñó?».

Ese momento de **digestión interna** es, muchas veces, el auténtico inicio de la reconstrucción.

Así, con cada vivencia, afinamos ese sistema interno de estrategias que nos ayuda cuando la vida, o tú, decide cambiar el rumbo.

Esto se conecta íntimamente con lo que el sociólogo e investigador Aaron Antonovsky llamó **sentido de coherencia**, un concepto clave para entender por qué algunas personas logran adaptarse mientras que, en la misma situación, otras se quedan atrapadas en la confusión o el dolor. Cuando estudiaba por qué había personas que lograban mantener la salud incluso en condiciones extremas, como en campos de concentración o contextos de alta adversidad, Antonovsky se preguntó: **¿qué mantiene a alguien a flote, incluso en medio de la tormenta?**

Su respuesta fue que no se trataba de evitar el malestar, sino de desarrollar tres pilares fundamentales para poder atravesarlo:

1. **Comprensibilidad:** Capacidad de entender, aunque sea parcialmente, qué está pasando y darle un mínimo de orden o lógica. Se trata de poner nombre a lo que duele.

2. **Manejabilidad:** Sentir que contamos con recursos internos o externos suficientes para sostenernos ante lo que ocurre.

3. **Significatividad:** La sensación de que lo que vivimos tiene un propósito, un «para qué», incluso cuando ese sentido no aparece al principio y somos nosotras quienes tenemos que encontrarlo.

Imagina, por ejemplo, que acabas de vivir la ruptura de una amistad muy importante. Al principio hay confusión: no entiendes bien qué ha pasado ni por qué se ha roto algo que creías sólido. Duele. Te enfadas. Te cuesta ponerle nombre a lo que sientes. Con el tiempo, logras darle un poco de estructura a ese caos emocional (comprensibilidad): reconoces que las expectativas habían cambiado, que ambas habíais crecido en direcciones distintas. Después, poco a poco, descubres que tienes recursos para sostenerte —tu red de apoyo, tu capacidad de poner límites, tu autoconocimiento— y que, aunque el vacío siga ahí, puedes sostenerlo (manejabilidad). Y un día, quizá mucho después, aparece el sentido: comprendes que esa ruptura te permitió aprender algo sobre tus necesidades, tu forma de vincularte o el tipo de relaciones que hoy eliges cuidar (significatividad).

Ese proceso es precisamente lo que Antonovsky describía como un sentido de coherencia: **la capacidad de transformar el caos y el dolor en un relato que tiene sentido, recursos y propósito**. Una forma de reconstruirnos desde dentro.

Cuando estas tres dimensiones están presentes, no desaparece el dolor, pero sí aparece nuestra brújula interna, esa que nos orienta y nos guía en mitad del tránsito. El sentido de coherencia es como un taburete de tres patas: la **comprensibilidad** es la claridad que nos permite ver el mapa, la **manejabilidad** es la fortaleza que nos sostiene cuando el camino se complica y la **significatividad** es el propósito que da sentido a cada paso que damos. Juntas nos ofrecen seguridad y estabilidad, incluso cuando hay tanta niebla que no podemos ver con nitidez el camino.

Más allá del sentido de coherencia, también influye nuestro **sistema de creencias** acerca del mundo y de nosotras mismas. Muchas veces sin darnos cuenta nos repetimos: «Esto no debería pasarme» o «No soy suficiente», porque en algún momento de nuestra historia lo aprendimos, bien porque nos lo dijeron, bien porque hubo una situación que nos hizo sentir así y nos identificamos con ello.

Y esas frases, aunque solo suenen en nuestra cabeza,
moldean cómo vivimos lo que nos ocurre.

Psicólogos como Aaron Beck y Albert Ellis demostraron que estos pensamientos automáticos pueden bloquear nuestra capacidad de adaptarnos, activando emociones como el miedo o la desesperanza. En cambio, cuando nuestras creencias internas nos dan permiso para confiar en nosotras mismas o en quienes nos rodean, para equivocarnos o para reconstruirnos, el cambio se vuelve más transitable. Hay otros dos factores profundamente relacionados: la **autoeficacia**, que como definió Bandura es creer y sentir que puedo afrontar lo que viene poque tengo recursos, y la **resiliencia**, la capacidad de adaptarnos y recuperar nuestro estado inicial tras situaciones difíciles. Esta habilidad puede cultivarse y entrenarse.

A veces, lo que más pesa no es el cambio en sí,
sino la historia que nos contamos sobre él y sobre
nosotras en su contexto.

Lo que sentimos y cómo lo gestionamos determina profundamente cómo atravesamos cualquier cambio. Daniel Siegel nos explica que nuestra capacidad de regular y gestionar las emociones nos permite sostener el dolor sin perdernos en él, pero para lograrlo es fundamental contar con herramientas prácticas, como saber nombrar y sostener emociones, aprender técnicas de respiración, meditación, autocompasión (comprender qué te está ocurriendo y permitirlo) o expresión emocional. No siempre disponemos de ellas porque **el contexto en el que se desarrolla nuestra inteligencia emocional impor-**

ta, y no todas hemos tenido un entorno que lo favorezca. Sin embargo, es posible aprender estas habilidades y, con el tiempo, sostenernos mejor ante los cambios.

De la misma manera que un cambio puede hacer tambalear nuestra identidad, también puede hacer temblar nuestro mundo interior. Nos enfrentamos a pequeños duelos por versiones de nosotras mismas que quedan atrás: hábitos, roles, formas de sentir o de pensar que ya no encajan con la nueva etapa que atravesamos. Y aunque duela, **ese vacío puede convertirse en un espacio de crecimiento y abrir paso a nuevas fuerzas, significado y vínculos más auténticos**.

En medio de ese proceso, la fe puede convertirse en un recurso poderoso. Como señala Boris Cyrulnik en *Psicología de Dios*, tener fe (creer) y la espiritualidad pueden ofrecer sentido, consuelo y resiliencia ante los cambios y pérdidas profundas. La fe no siempre se vive a través de la religión. Puede ser la convicción de que saldremos adelante, que algo tiene sentido o que no estamos solas. Es una confianza invisible que pone luz en el camino cuando todo está oscuro.

Por último, el **diálogo interior importa**; tanto el tono con el que nos hablamos como el contenido que nos decimos. Practicar la autocompasión (comprendernos) y tratarnos con la misma ternura con la que trataríamos a nuestra mejor amiga fortalece el modo de transitar los cambios y nos protege de caer en la culpa o en la dureza excesiva.

A veces, para explicar lo complejo necesitamos inventar personajes que nos permitan ver con más claridad lo que muchas personas viven. Mar estaba a punto de comenzar su primer año de Enfermería en otra ciudad. Su vida había estado marcada por afecto limitado, cuidados mínimos y recursos escasos. Para crecer, necesitaba alejarse de un entorno familiar tóxico y renunciar a apoyos y comodidad. Aunque sentía miedo y frustración, se recordó a sí misma que contaba con capacidades y apoyos externos: personas que la ayudaban y una beca que aliviaría parte de la carga. Su diálogo interno le dio claridad y calma: «Estoy haciendo lo que puedo y eso es suficiente». Esa **combinación de autoconfianza, aceptación del dolor y uso de los recursos disponibles le permitió sostenerse y seguir adelante**. Terminó la carrera como una de las primeras de su promoción y hoy ayuda a personas en situación de vulnerabilidad, transformando la adversidad en fuerza y propósito.

> Al final, nuestra persona y mundo interno (hecho de historia, emociones, creencias y vínculos) es la casa donde impacta el cambio.

Y ese impacto va a depender de qué materiales nos han tocado o hemos podido elegir para construirla a lo largo de nuestra vida.

....

Tú en tu entorno y ese caos que no controlas: cómo nos afecta lo que nos rodea ante un cambio

A veces nos hacen creer que todo depende de la fuerza interior y el deseo, de la fuerza de voluntad. Lo cierto es que, por suerte o por desgracia, no basta con mirar dentro: también importa, y mucho, lo que ocurre fuera. El **contexto externo** que conforman las personas que nos rodean, los lugares que habitamos, las normas sociales y los recursos con los que contamos pueden ser un viento suave que impulsa y va a nuestro favor o una tormenta que nos hace zozobrar y nos encalla en un banco de arena.

Cuando conocí la **teoría ecológica** del psicólogo Urie Bronfenbrenner, se me quedó grabada **la importancia de la interdependencia e influencia entre las personas y el entorno**. Las personas estamos rodeadas de capas, como si fuésemos el corazón de una cebolla. Desde las más cercanas, como la familia, la pareja o el trabajo, hasta las más externas de todas, como la cultura, los valores o la religión.

> El cambio, por tanto, no se vive solo desde el yo, sino también desde el dónde y el con quién.

Uno de los mayores amortiguadores del dolor cuando se vive un duelo o estamos atravesando una situación llena de dudas y malestar es el **apoyo social. Tener alguien que escuche, no juzgue y acompañe con presencia amorosa puede amortiguar el impacto emocional de un cambio abrupto o doloroso**; no tenerlo hace que, en el aislamiento, hasta el cambio más pequeño se sienta como una montaña imposible de ascender.

La psicóloga Shelley Taylor propone que, ante situaciones de estrés, no reaccionamos solamente con lucha o huida. Muchas personas —en especial las mujeres— tienden también a cuidar y buscar apoyo, a acercarse a otras para sentirse acompañadas y a proteger a quienes quieren. Esta respuesta, influida por la oxitocina, calma tanto el cuerpo como la mente, y muestra que los vínculos afectivos son una de las formas más poderosas de afrontar el estrés.

Al escribir estas líneas, recuerdo una historia que me contó mi padre tras la muerte de mi abuela. Él estudiaba Arquitectura en la ciudad de Sevilla y algunas asignaturas le parecían imposibles, hasta el punto de hacerle plantearse dejar la carrera. Un fin de semana fue a ver a su madre y le compartió su angustia. Mi abuela lo animó con una frase que también me ha acompañado a mí: *Do your best and God will do the rest* («Hazlo lo mejor posible y Dios hará el resto»). Ese apoyo recibido de parte de alguien querido le sirvió para presentarse a los exámenes (aunque luego cambiase de carrera y también la dejase para dedicarse a su vocación).

Pero no solo de afecto y vínculos vive la persona. Podemos tener unas relaciones estupendas y mucho amor, pero, cuando lo que falta es la salud, el tiempo, la vivienda o el dinero, el mero hecho de existir se vuelve una tarea estoica. El neuroendocrinólogo estadounidense Bruce McEwen estudió cómo el estrés crónico, en especial el ligado a falta de recursos materiales y sociales (dinero, salud, vivienda o apoyo), desgasta el cuerpo y el cerebro: lo llamó carga alostática. **Este desgaste aumenta el riesgo de enfermedades, daña áreas cerebrales como el hipocampo, eleva el cortisol y altera siste-**

mas hormonales. También dificulta la autorregulación emocional, aumenta la vulnerabilidad a la ansiedad y a la depresión y complica la toma de decisiones, la adaptación a cambios y las relaciones saludables. Es fácil decir «Afronta el cambio», pero resulta más sencillo hacerlo cuando hay una red social de calidad, tiempo o ayuda profesional disponibles.

Finalmente, **también pesa el contexto cultural**. Los mandatos, creencias y normas familiares o sociales con los que hemos crecido influyen en cómo decidimos —o evitamos— cambiar. **A veces no elegimos según nuestros deseos y valores, sino por miedo a decepcionar, ser rechazadas o romper con lo esperado.**

Una persona puede querer dejar un trabajo que ya no la llena para seguir su vocación, pero temer el juicio de su familia por renunciar a la estabilidad. O alguien puede mudarse a otra ciudad para iniciar un proyecto o una relación que le hace crecer, aun sabiendo que perderá la cercanía de su red de apoyo. **Esos cambios, aunque necesarios, duelen porque implican renunciar a vínculos, estatus o reconocimiento.** Aun así, cuando los atravesamos con consciencia y autocompasión, pueden activar la resiliencia y abrir un crecimiento profundo: nos permiten descubrir nuevas versiones de nosotras mismas y construir una vida más auténtica y alineada con nuestros valores.

Y cuando el cambio llega sin ser deseado ni esperado, **todo este bagaje** —creencias, mandatos y cultura— **influye todavía más en cómo lo vivimos**.

Cuando hay un cambio, el apoyo externo, la validación emocional y la existencia de entornos seguros pueden marcar la diferencia entre resistir o quebrarse.

Recuperando la metáfora, **el contexto externo es ese viento que puede impulsarnos o frenarnos**. El mismo cambio, vivido en un entorno que contiene y respeta, puede volverse llevadero o incluso convertirse en una oportunidad. Ahora bien, en un contexto hostil o indiferente —que actúa como si nada hubiera pasado—, hasta los pasos más pequeños pueden transformarse en un abismo.

A modo de resumen:

Facilita	Dificulta
Creer que puedo, que soy capaz.	Creer que no puedo, sentir que no tengo recursos.
Apoyo social que sostiene.	Soledad y juicio del entorno.
Dar sentido al cambio.	Vivirlo como algo carente de sentido e injusto.
Estilo activo y flexible.	Evitación, bloqueo, rigidez.
Experiencias previas de resolución.	Duelos no resueltos.

Entender de dónde vienen esas fuerzas —las que te sostienen y las que te frenan— es una manera de cuidarte, de acompañarte con más claridad y menos juicio.

Aceptar que algunas fuerzas están fuera de tu control, pero que muchas otras dependen de cómo te cuidas y de qué decides hacer con cada desafío, es verdaderamente empoderador.

Para ayudarte a mirar todo esto con más claridad te propongo un ejercicio sencillo pero muy revelador. Se trata de **poner sobre papel lo que suele quedarse dando vueltas en la**

cabeza: tus recursos, tus miedos, tus apoyos y tus desafíos. Al verlos, se vuelve más fácil entender qué necesitas ahora y cómo acompañarte mejor en este momento de cambio.

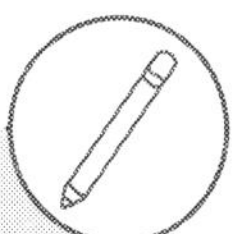

Lo que da vueltas en tu cabeza

A continuación, hay dos columnas. En la primera, escribe los factores internos y externos que sientes que te facilitan afrontar cambios (por ejemplo, la capacidad para pedir ayuda, la paciencia, la confianza). En la segunda, anota los factores internos o externos que sientes que te dificultan el proceso (miedos, creencias limitantes, falta de apoyo). Después, reflexiona: **¿qué factor podrías fortalecer y cuál podrías aprender a manejar de otra forma para hacer la travesía más llevadera?** Elige una acción META (medible, especifica, en un tiempo determinado y que sea alcanzable) para empezar hoy mismo. Y recuerda: no tienes que hacerlo todo a la vez.

Date permiso para ir a tu ritmo.

Factores que ayudan	Factores que dificultan

Atención especial: las trampas sociales sobre el cambio y el duelo

Adaptarse a un cambio implica atravesar nuestro propio proceso de transformación y duelo apoyándonos en los recursos internos y externos de los que disponemos, pero también enfrentarnos a esas reglas no escritas del imaginario colectivo que dictan cómo deberíamos vivirlo. **Muchas veces no somos conscientes de ellas, y sin embargo pueden convertirse en trampas que nos entorpecen el camino.**

Lo consciente y lo inconsciente: dos fuerzas que moldean tu experiencia

Cuando atraviesas un proceso de adaptación, aparecen de forma automática **pensamientos y emociones que no sueles cuestionar**: simplemente se activan porque son los que conoces. Algunos son conscientes, otros viven en lo inconsciente. Estos últimos pueden incluir **miedos antiguos, aprendizajes de la infancia o mensajes sociales interiorizados** que generan incoherencia entre lo que piensas, sientes y haces, provocando malestar y confusión.

Por ejemplo, puedes sentir tristeza al dejar un trabajo donde construiste vínculos importantes, aunque el nuevo empleo te ofrezca mejores condiciones. Surge entonces el pensamiento «No debería estar triste si esto es lo que quiero», que invalida una emoción totalmente legítima. Además, puede aparecer, casi sin avisar, un miedo profundo a no ser suficiente para el nuevo puesto. Esa tensión entre lo que sientes, lo que piensas que deberías sentir y lo que temes afecta directamente a cómo afrontas el cambio: **bloquea el duelo necesario y evita enfrentar el miedo, generando así resistencia justo cuando más necesitas claridad y sostén interno**.

El duelo anticipado: ¿por qué duele lo que aún no ha pasado?

El duelo anticipado es **uno de los fenómenos más comunes** y, al mismo tiempo, menos comprendidos. Se activa cuando sentimos **tristeza, ansiedad o miedo antes de que ocurra un cambio, incluso aunque no haya pasado nada todavía**. Por ejemplo, alguien que sabe que va a mudarse puede empezar a experimentar la sensación de perder su casa, sus rutinas o sus relaciones mucho antes de marcharse, y vivir una nostalgia adelantada por aquello de lo que aún no se ha despedido.

Este duelo surge porque la seguridad conocida empieza a transformarse en incertidumbre, aunque el cambio no se haya materializado. Lo que lo hace más difícil es que la sociedad suele minimizarlo. Cuando compartimos ese dolor, es habitual escuchar: «Si todavía no ha pasado, ¿por qué estás triste? Disfruta el presente». Ese mensaje, lejos de aliviar, profundiza la herida. Entonces **duele por partida triple**: duele **lo que sentimos** porque «no deberíamos sentirlo», duele **el mandato de disfrutar el presente** y duele **no poder expresarlo libremente sin sentir incomprensión**.

La competición del sufrimiento: ¿cuánto debería dolerte algo según los demás?

Parece que, a veces, el dolor tiene una medida social: una escala que se espera que respetemos. Si tu cambio o pérdida no se percibe como suficientemente grave, es probable que escuches «No es para tanto», «Otros están peor» o «Te lo tomas demasiado en serio».

Pablo, de veintiocho años, llegó a consulta tras romper una relación que había marcado toda su vida adulta. Para él fue devastador, pero su entorno le comunicaba: «Eres joven, ahora podrás experimentar cosas nuevas». Esa minimización lo hacía sentirse incomprendido, culpable por estar triste y cada vez más ansioso. Algo similar vivió Luis, de cuarenta y cinco, tras perder su trabajo en una reestructuración. Él se sentía vacío y desorientado, pero sus amistades le repetían: «No es tan grave, tienes indemnización y encontrarás algo pronto». Ese discurso solo aumentaba su aislamiento y bloqueaba su capacidad de elaborar la frustración.

Ambas situaciones muestran cómo **la mirada social puede invalidar nuestras emociones y dificultar el duelo**, generar soledad, culpa y la sensación de no estar siendo como deberíamos. Permítame ser muy clara: el dolor es subjetivo. Igual que cada cuerpo tiene un umbral físico distinto, cada persona tiene un umbral emocional propio. **Nadie puede decidir cuánto debe dolerle a otra persona un cambio. Como dice un amigo querido: «Solo quien la lleva la entiende».**

Permiso de duelo: lo que está validado sentir y lo que no, y el tiempo que debe durar

En nuestra sociedad parece existir **una lista invisible que dicta qué emociones se pueden mostrar y por cuánto tiempo**. A esto yo lo llamo **permiso de duelo**. Este no es igual para todas: **depende del género, la edad o si se es percibida como fuerte o sensible**. Por ejemplo, ante una muerte, a las mujeres se nos concede más permiso para la tristeza y a los hombres, en cambio, para el enfado. Además, seguimos aplaudiendo la contención emocional, como si quien expresa lo que siente fuese más débil que quien se mantiene entero.

Los psicólogos Martin y Doka ya explicaban que **el duelo tiene estilos distintos según el género**: a las mujeres se nos permite llorar; los hombres deben aguantar como si no les doliera. Sin embargo, gracias a estudios como los de Gross y Levenson o Lieberman sabemos que reprimir emociones perjudica el cuerpo y la mente, mientras que, tal como nos indica Pennebaker, nombrarlas y expresarlas, incluso con lágrimas, tiene un efecto sanador.

En cuanto al tiempo, a nadie le apetece sufrir demasiado: «Quiero que se me pase ya», «No tengo ganas de estar así». Es lógico que no queramos sentir dolor, y por eso existe toda una industria dedicada a evitarlo. A veces esos recursos farmacológicos son necesarios, pero otras solo retrasan el proceso y generan dependencia, como demostraron Turki y Martínez León. Tampoco quienes nos quieren soportan vernos sufrir, porque el dolor ajeno remueve, contagia y activa la propia incomodidad. Por eso algunas personas desaparecen o se empeñan en distraernos, como si ignorar el dolor pudiera eliminarlo. La realidad es que **en los procesos de duelo y de adaptación a una nueva realidad no hay un tiempo exacto y cada persona tiene el suyo**.

Lo importante no es cuánto dura,
sino cómo lo transitas, qué haces
durante ese tiempo.

La realidad es que en el duelo, así como en cualquier adaptación, no hay un tiempo exacto. Cada persona tiene su ritmo. Los organismos oficiales, como la OMS y la APA, solo hablan de duelo complicado cuando, pasado un año, el sufrimiento sigue siendo muy intenso y limita la vida. Como decía en el capítulo 1, el duelo es un laberinto en el que una puede quedarse atascada, y quien está ahí no necesita juicio, sino apoyo.

No existe un reloj que marque cuándo deberías estar bien. Adaptarse a una nueva realidad es un proceso que se vive paso a paso y, en los momentos de cambio, más que nunca, necesitamos poder sentir. **Acompañar —a otra persona o a nosotras mismas— empieza siempre por permitir que la emoción tenga espacio y pueda expresarse.**

La metáfora de la herida física: validar la herida emocional

Muchas veces, las personas llegan a consulta restando importancia a su dolor, y eso les impide algo crucial: atenderlo y expresarlo. Para mostrar su relevancia, uso la metáfora de la herida física. Imagina alguien que se ha roto las dos piernas; todo el mundo entiende que necesite cuidados, apoyo y tiempo para recuperarse, y nadie le diría: «Venga, ponte de pie ya». La herida emocional no se ve, pero duele igual. Ignorarla puede hacer que se infecte y afectar a nuestra salud mental y física, a nuestras relaciones e incluso, en casos graves, poner en riesgo la vida (suicidio).

Una herida emocional no se ve, pero
se siente y es igual de real y de vulnerable
que una física.

Las trampas sociales sobre el duelo son sutiles: nos enseñan a ocultar el dolor, a compararlo, a minimizarlo o a ignorarlo. Ser consciente de estas creencias permite reemplazarlas por otras más realistas y alineadas con nuestra situación y con nuestros valores actuales. Que siempre se haya hecho de una manera determinada no significa que siga siendo adecuada; si no está en coherencia con nuestra esencia, puede obstaculizar la adaptación y el bienestar.

Permítete reconocer que tu experiencia es válida, única y real, aunque no sea lo que otras tienen o esperan. **Date el mismo permiso que concederías a alguien con una herida física: tiempo, cuidado y espacio, sin juicio.**

Para ello, a continuación te propongo un ejercicio de permiso consciente para dolerse.

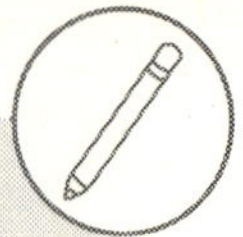

Mi permiso de duelo

Cuando atraviesas un cambio doloroso, es fácil sentir que tus emociones no son adecuadas. Este ejercicio te invita a sentir, reconocer y validar tu dolor, incluso si tu entorno no lo hace. Toma tu libreta y date tiempo: tienes derecho a sentir lo que sientas.

1. **Reconoce el cambio que te duele:** Piensa en un cambio reciente que te haya afectado profundamente. Puede ser una ruptura, la muerte de un ser querido, un cambio inesperado o algo que sabías que iba a llegar y te dolió igual. Escribe qué pasó y cómo te hizo sentir.

2. **Identifica tus emociones:** Reflexiona y escríbelas aquí o en tu libreta:

¿Qué emociones sentiste que podías expresar?	¿Qué emociones sentiste que debías ocultar o reprimir?	Mensajes del entorno sobre cómo deberías sentirte o actuar

3. **Observa cómo te afectan esos mensajes:** Junto a cada frase de tu entorno, escribe cómo te hace sentir: ¿te calma, te bloquea, te angustia?

4. **Dale la vuelta y legitima tu emoción:** Transforma cada mensaje en una afirmación positiva que valide tu experiencia y te dé permiso para sentir:

Mensaje externo	Cómo me hace sentir	Frase transformada (que valida mi emoción)

Ejemplos:

- «Sé fuerte». → Me hace sentir culpable y sola → «Es lícito sentir tristeza; puedo permitirme llorar y seguir adelante».
- «No tengas miedo». → Me bloquea → «Es normal sentir miedo; puedo afrontarlo a mi ritmo».

5. **Practícalo en tu día a día:** Usa esta plantilla siempre que sientas que te bloquean los mandatos externos o internos. Esta es una forma de practicar la autocompasión. Poco a poco, aprenderás a dar espacio a tus emociones, a nombrarlas, a sostenerlas, a validarlas y a ver por qué y para qué están ahí.

Cuando te sientas perdida, abrumada o fuera de control, re-cuerda:

- **No todos partimos del mismo lugar ni tenemos las mismas cartas:** Juzgar el cambio de alguien sin conocer su contexto es como gritarle a una planta por no florecer.
- **El cambio no depende solo de fuerza de voluntad:** Influyen tu mundo interno (creencias, emociones, aprendizajes) y tu entorno (recursos, apoyo, contexto social).
- **La resiliencia es permitirte quebrarte, reconstruirte y seguir.**
- **Tus creencias y la forma en la que te hablas pueden ser refugio o cárcel:** Cuida lo que te repites y lo que dejas que te digan los demás.
- **Nadie se salva sola:** Entender tu contexto y tu entorno es clave para adaptarte y crecer con consciencia.

4

CUANDO LO NUEVO TODAVÍA NO ENCAJA

Cuando la vida se detiene: la sorpresa

Cuando algo cambia, lo primero que aparece es la pausa: ese instante de *shock*, de sorpresa, que inaugura lo que ya hemos visto que se conoce como **el efecto S. A. R. A.** Es ese momento en el que el tiempo parece detenerse para que asimilemos lo ocurrido. Suele acompañarse de un «No me lo puedo creer», tanto si alegra como si duele.

Esa sorpresa es la puerta de entrada a la consciencia: un paréntesis biológico y emocional que nos protege del colapso y nos permite empezar a reconocer que algo ha cambiado.

A veces, **esta toma de consciencia es ambivalente**: queremos mirar lo sucedido, pero al mismo tiempo sentimos miedo o resistencia porque la novedad desafía nuestra zona de confort. **Esa tensión es natural y forma parte del proceso de adaptación:** nos indica que algo importante está cambiando y necesitamos tiempo para ajustarnos. **Darle nombre y claridad a lo ocurrido es el germen del proceso de transformación.**

La sorpresa puede ser luminosa, llena de alegría inesperada, de logros o de oportunidades que expanden; pero incluso lo positivo desordena, rompe esquemas y provoca dudas internas. Otras veces la sorpresa es la devastación total. Lo sé bien, porque lo viví en primera persona.

El 15 de octubre de 2018, Día Internacional del Duelo Perinatal, escribí sobre la importancia de acompañar a familias que atraviesan pérdidas sin imaginar que yo me convertiría en una de ellas. **A las treinta y ocho semanas y cuatro días de embarazo supe que mi hija Inés había muerto durante la noche.** De repente, **mi mundo se desmoronó como un castillo de arena barrido por la marea**. Me atrapó la conmoción: la vida que esperaba ya no estaba y, frente al vacío, tenía que sostenerme entre el *shock*, el dolor y la incredulidad.

Aceptar lo ocurrido fue un trabajo titánico: desaprender las reglas que daba por ciertas sobre la vida y la muerte, habitar la sorpresa, la pausa, el desconcierto y el vacío que se abrían ante mí.

Ser consciente de lo que había pasado y de sentirme perdida fue vital para empezar a encontrar el camino.

Como digo a las personas a las que acompaño en terapia, es como perderse en Roma: primero reconoces que estás perdida, luego buscas el mapa, te sitúas y a partir de ahí decides hacia dónde caminar. En el duelo y en la transición no se trata de llegar rápido, sino de **ser consciente, encontrar el camino y empezar a andar.**

Cómo impacta el cambio en el cerebro y en el cuerpo: la memoria de lo que vivimos

Como expliqué en el capítulo anterior, la forma como vivimos los cambios depende de muchos factores internos y externos. No todos los cambios son traumáticos, pero incluso los más pequeños pueden tener un impacto profundo y despertar emociones difíciles de sostener.

Una situación se vive como traumática en caso de que nuestro sistema nervioso no logre procesarla. Según explica el psiquiatra Bessel van der Kolk, algo se vuelve trauma cuando el cerebro percibe una situación como abrumadora y no tiene recursos para afrontarla. Entonces, el cuerpo se dispara: hipervigilancia, adrenalina, cortisol…, todo preparado para sobrevivir.

Si la activación es intensa o prolongada, no integramos lo vivido. **La experiencia queda grabada en la mente y en el cuerpo.** Esto es estrés postraumático: revivir emociones, imágenes o sensaciones del evento una y otra vez, incluso sin un disparador evidente.

El cuerpo recuerda,
aunque la mente quiera olvidar.

En consulta suelo usar una metáfora: dentro de ti vive una archivera o bibliotecaria cuidadosa (tu hipocampo), encargada de ordenar tus experiencias como si de libros se tratara. Cada recuerdo tiene portada, páginas numeradas y un hueco asignado en la estantería. Pero, cuando ocurre algo intenso, la información llega desordenada: la portada por un lado, páginas sueltas por otro, el punto de libro perdido... Los compañeros encargados de encuadernar se han ido a descansar porque el caos es demasiado.

El resultado es que el libro no se encuaderna. La historia queda a medio hacer, sin coherencia. Se guarda en fragmentos: sensaciones, imágenes, sonidos, emociones... Cada vez que algo recuerda esa historia, accedes a páginas sueltas: el cerebro intenta procesar lo que quedó incompleto.

Cuando un cambio puede sentirse, narrarse, resignificarse y sostenerse, el trauma puede integrarse como experiencia adversa sin desencadenar estrés postraumático. El sistema nervioso logra archivar la experiencia, aunque siga siendo dolorosa, y podemos continuar la vida sin quedarnos atrapados en lo negativo.

Incluso cambios bruscos, pero no vitales, pueden generar trauma: el sistema se bloquea para protegernos y procesa la información de manera fragmentada. Es como estar en modo espera: seguimos funcionando, pero ciertas emociones quedan atrapadas, listas para activarse.

Por eso, el trauma no es solo un recuerdo doloroso, sino una historia sin encuadernar.

Necesita revisarse página a página para que la archivadora pueda ponerle título, ordenar lo ocurrido y guardarlo donde corresponde, sin que se desborde al abrir la estantería.

Esto no ocurre solo con grandes traumas. En la vida cotidiana, nuestra mente selecciona, interpreta y reconstruye recuerdos. No es una cámara objetiva, sino una narradora subjetiva.

Lo comprobamos en reuniones con amigas: hablamos de batallitas que sucedieron hace veinte años de forma distinta, cada una con sus propios detalles. Igual ocurre en discusiones con parejas o jefes: quizá no recordemos palabras exactas, pero sí cómo nos sentimos. Esa sensación queda grabada más profundamente que los hechos.

Lo que conservamos no es la realidad objetiva, sino la experiencia emocional. La neurociencia explica que la memoria está profundamente ligada a la emoción. Lo inesperado —una sorpresa, decepción o alegría— activa la amígdala y graba la experiencia con fuerza. Por eso, aunque olvidemos palabras o hechos, recordamos cómo nos hicieron sentir.

Cuando una experiencia nos sobrepasa, cuerpo y mente hacen lo que pueden para protegernos: se desconectan, se endurecen o evitan mirar lo que duele.

Para sanar, necesitamos justo lo contrario: sentirnos a salvo.

Antes de tocar una herida emocional, necesitamos un refugio interno donde el sistema nervioso pueda descansar, sin nada que demostrar, controlar o resolver. Solo estar. El siguiente ejercicio, inspirado en F. Shapiro, te ayudará a crear un espacio interno de calma y seguridad, un ancla a la sensación de «estoy aquí y ahora, y estoy a salvo». Desde ahí podrás mirar lo difícil con más seguridad.

Te guiaré paso a paso, para que acudas a él cada vez que lo necesites: después de una sesión intensa, cuando algo te active o cuando el cuerpo te pida un respiro.

Crea tu lugar de calma

Cierra los ojos y céntrate en la respiración. No intentes cambiarla, solo obsérvala. Imagina un lugar, real o inventado, donde te sientas completamente a salvo, como una playa al amanecer, un bosque, una habitación con luz cálida..., o alguna sensación, como el calor del café entre las manos una mañana fría de invierno o el gustirrinín que te da taparte con el edredón. Lo importante es que te transmita sensaciones agradables como calma, protección o bienestar.

Explora con los **cinco sentidos**:

- ¿Qué ves a tu alrededor?
- ¿Qué sonidos se escuchan?
- ¿Qué temperatura hace?
- ¿Hay algún olor característico?
- ¿Qué sensación percibes en tu cuerpo al estar ahí? ¿Dónde la notas?

Si es una sensación agradable:

- ¿Qué nombre le pondrías?
- ¿Dónde la sientes?
- ¿Qué color y forma tendría?

Cuando empieces a sentir esa calma, seguridad o bienestar, **elige una palabra o imagen que represente ese lugar** (por ejemplo: refugio, calma, luz, abrazo).

Ahora, añade una breve **estimulación bilateral alterna (EBA)**, una herramienta que se utiliza en la terapia EMDR (reprocesamiento y desensibilización con movimientos oculares) para establecer o reforzar la conexión y anclar la sensación de seguridad o calma en el cerebro. Repite de dos a tres veces una de las siguientes opciones:

Opción 1: Da 8-10 golpecitos suaves con las manos abiertas en los muslos alternando los lados del cuerpo.

Opción 2: Abrazo de mariposa. Cruza los brazos sobre el pecho como una momia y alterna 8-10 toques suaves en los brazos de forma alterna.

A medida que vayas instalando tu lugar de calma, empezarás a sentir que tu cuerpo responde al bienestar y a la calma, porque quizá se haga más intensa esa sensación agradable que evocaste al principio. Puedes notar que la respiración se vuelve más profunda y lenta, que los hombros se relajan y que hay un suave alivio en el pecho. Quizá aparezca una sensación de ligereza, calidez o incluso protección, como si tu interior te susurrara: **«Aquí puedes descansar»**.

Cuando todo parece seguir igual, pero para ti ya nada lo es

Dependiendo del tipo de cambio y de cómo nos sorprenda, a veces parece que todo sigue igual. Aunque la situación se haya modificado, puede que aún no haya pasado suficiente tiempo como para percibir las consecuencias. Es como si alguien moviera los muebles de tu casa mientras dormías: no entiendes por qué tropiezas hasta que te das cuenta de lo que ha pasado. **A veces hacemos los cambios nosotras mismas y nos lleva tiempo acostumbrarnos.** El cambio necesita tiempo para asimilarse y nosotras, para sentir sus efectos.

Este momento puede parecer solitario, y a veces esa soledad es necesaria para tomar consciencia de la nueva realidad y de los cambios que implica.

Es una antesala, un territorio entre lo que
fue y lo que empieza a ser.

Por fuera puede parecer que no pasa nada, pero por dentro se mueven pensamientos, emociones, vínculos y rutinas. Todo esto influye en la resignificación de lo ocurrido para encontrar una nueva manera de estar en el mundo.

Es un tiempo de vaivén: sabes lo que ha pasado, pero no lo sientes en toda su plenitud. A veces tomas contacto con la nueva realidad; otras, te evades. Hay cosas que duelen y otras que alivian o ilusionan. Esto es natural: nuestro cerebro no procesa todo el cambio de golpe; necesita tiempo para digerirlo, protegerse y adaptarse. Durante este periodo puede activarse el **estrés agudo**, un estado en el que el cuerpo y la mente se preparan para lo inesperado: el corazón se acelera, los músculos se tensan, la atención se agudiza y la mente busca soluciones rápidas.

Para protegernos del impacto emocional, el autor del superventas *El cuerpo lleva la cuenta*, Bressen van der Kolk, nos explica que existen estrategias automáticas, como la **disociación, la**

negación y la racionalización, que funcionan como un colchón para acercarnos al cambio poco a poco:

> - **Disociación:** Desconectarse momentáneamente del dolor, como poner una cortina entre la emoción y tú.
> - **Negación:** No aceptar del todo lo ocurrido para ganar tiempo y adaptarte gradualmente.
> - **Racionalización:** Darle sentido desde la lógica, aunque aún no hayas procesado la emoción.

Estas estrategias nos permiten pausar la intensidad del cambio, sostenerlo, mirarlo y darle nombre, para ir acercándonos poco a poco a lo que sentimos. Como cuando aprendías la letra de una canción pausando la cinta: avanzas nota a nota, reescribes tu propia melodía y encuentras tu ritmo, a pesar de la tormenta.

Todo esto ocurre tanto si el cambio es positivo como negativo: incluso lo esperado o deseado genera incertidumbre, miedo y momentos de incredulidad mezclados con emoción e ilusión.

Para acompañarte en este proceso, te propongo un recurso práctico que te ayudará a acercarte a lo que sientes de manera segura y consciente: el **ejercicio del plato de la realidad**. Su objetivo es darte espacio para reconocer lo que ha cambiado, sentir cómo te afecta y empezar a darle sentido, sin prisas ni juicios. Piensa en él como **una herramienta para digerir el cambio, paso a paso**, poniendo en pausa la intensidad cuando lo necesites y retomando el ritmo cuando estés lista.

El plato de la realidad

Antes de empezar, asegúrate de que te encuentras en un momento suficientemente seguro. Si la emoción se vuelve demasiado intensa, puedes detener el ejercicio, abrir los ojos, moverte o volver a la respiración. Este ejercicio no busca forzar nada, sino acompañar el proceso a tu ritmo.

1. **Preparar el plato**

   - Siéntate en un lugar tranquilo, apoya los pies en el suelo y prueba a respirar hondo un par de veces, notando el contacto de tu cuerpo con la superficie.

   - Imagina el cambio como un ingrediente que tienes frente a ti. No es necesario que sea claro ni agradable. ¿Qué sería? ¿Qué forma y color tendría?

   - Observa qué emociones, pensamientos o sensaciones físicas aparecen. Nómbralas sin analizarlas, en voz alta o por escrito.

2. **Masticar despacio (frente a la negación)**

   - La negación suele protegernos del impacto. Pregúntate con amabilidad: «¿Hay algo de esto que todavía no puedo o no quiero mirar?».

   - Observa lo que aparece sin forzarlo. No se trata de entenderlo todo ahora, sino de permitir un primer contacto.

3. **Sentir la textura (frente a la disociación)**

   - La disociación nos desconecta del impacto. Presta atención a tu cuerpo: ¿dónde lo sientes?, ¿en el pecho, en el estómago, en la garganta?

- Describe la sensación: «Noto presión en el pecho», «Tengo un nudo en la garganta». Esto te ancla a la experiencia y evita que desaparezca de tu consciencia.

- Si notas que la sensación es demasiado intensa, vuelve a la respiración o a un punto neutro del cuerpo (pies, manos).

- Puedes entrar y salir de la sensación. No es necesario permanecer todo el tiempo en ella.

4. Saborear con atención (frente a la racionalización)

- La racionalización intenta protegernos dando explicaciones rápidas. No se trata de eliminarla sino de ponerla al servicio del proceso.

- Escribe una frase que una comprensión y emoción. Por ejemplo: «Entiendo por qué ocurrió y aun así me duele».

- Observa qué emoción se hace presente cuando le das un sentido sin invalidarla: «El miedo está aquí para decirme que desconozco lo que vendrá y debo estar atenta».

5. Reposar

Al igual que la comida, el cambio necesita tiempo para asentarse. Descansa unos minutos y observa si algo se ha movido, aunque sea mínimamente.

- Puedes cerrar el ejercicio con una frase de cuidado, por ejemplo: «Esto es difícil y estoy haciendo lo que puedo con lo que tengo ahora».

- Repite el proceso cuando lo necesites. Escribir puede ayudarte a seguir digiriendo el cambio con mayor claridad y amabilidad.

La mente intenta volver atrás o jugar a adivinar el futuro

Otra estrategia que nuestra mente activa para adaptarse es jugar a ser Doc y disponer del DeLorean de *Regreso al futuro*: viajar al pasado o al futuro e intentar cambiarlo. Aunque sepamos que es ciencia ficción, nuestra mente lo hace de manera simbólica.

¿Para qué? **Al retroceder, busca respuestas: por qué ocurrió algo, cuándo comenzó a gestarse, qué habría pasado si hubiéramos actuado de otra forma o qué estrategias funcionaron antes.** Al proyectarse al futuro, intenta anticipar lo que vendrá y reducir la incertidumbre. Pero, más que imaginar un futuro esperanzador, a menudo nos adelanta una catástrofe inminente: «¿Y si nunca estoy bien?», «¿Y si pierdo el control?», «¿Y si no soy capaz?». Según Gilbert y Wilson, el cerebro dedica gran parte de su energía a prever posibles escenarios para aumentar las probabilidades de sobrevivir.

El problema no es la estrategia en sí, sino que, **en tiempos de incertidumbre, sobrepensamos y nos creemos hasta tal punto nuestros pensamientos** —que no siempre son certeros— que **acabamos atrapadas en un bucle de angustia, ira y desesperación.** Esta es precisamente la primera A del efecto S. A. R. A., la angustia o ira que aparece ante lo inesperado.

Por mucho que tuviésemos un DeLorean para movernos entre el pasado y el futuro, en realidad **el único momento para actuar es ahora.**

Rumiar sobre lo que pudo ser o será se convierte en un mecanismo de evitación.

Negamos lo ocurrido (**disociación**), hacemos como si no pasara nada o intentamos que se cumplan nuestras expectativas (**racionalización**).

Al principio, estos pensamientos pueden parecer reconfortantes: imaginar lo que pudo ser, recrear escenas con parejas, hijos o trabajos idealizados. **Pero enseguida nos enfrentamos a la realidad:** la niña de tus sueños puede que no llegue a existir, la relación terminó, el trabajo exige más de lo esperado. Por eso necesitamos herramientas que nos anclen al presente, para mirar de frente y adaptarnos a él lo mejor posible.

- Un padre cuya hija murió en el embarazo visualizaba momentos tiernos que nunca existirían. Al principio le daba consuelo, pero después chocaba con la realidad.
- Una persona se enredaba buscando justificaciones lógicas a la ruptura de su pareja, incapaz de aceptar un «Me he desenamorado».
- Cierta persona que consiguió un trabajo nuevo dudaba de su capacidad y se sentía atrapada en pensamientos sobre si merecía la oportunidad.

En todos estos casos, la mente intenta protegernos, pero, cuando estas estrategias se prolongan, dejan de cuidarnos y empiezan a **atraparnos**. La rumiación, que al principio ayuda a procesar, se convierte en un bucle que intensifica la tristeza y la ansiedad y nubla la claridad.

¿Cuándo dejan de protegernos?

Lazarus y Folkman nos enseñan que el **afrontamiento** es el conjunto de esfuerzos (de pensamiento, sentimiento y acción) que realizamos para manejar aquellas situaciones externas o internas que vivimos como peligrosas. En resumen: es lo que hacemos para poder sobrevivir psicológicamente al cambio.

Las estrategias de afrontamiento —nuestros chalecos salvavidas emocionales— **dejan de ser útiles cuando:**

- **Nos desconectan de nuestras emociones** en lugar de permitirnos gestionarlas.
- **Nos impiden ver la realidad y tomar decisiones.**
- **Nos mantienen ancladas en un pasado** que ya no existe.

El objetivo no es eliminar estas estrategias, sino **revisarlas con amabilidad**, **reconocer su función protectora y aprender a transformarlas en algo más flexible y útil en el presente**.

Como ilustró Platón en el mito de la caverna, muchas veces permanecemos prisioneros de nuestras sombras mentales, repitiendo pensamientos y temores sin acercarnos a la realidad. Rumiar es quedarse dentro de la cueva, temiendo que la luz del exterior sea demasiado dolorosa o desconcertante.

Salir de la cueva no significa negar
el miedo, sino ampliar la mirada.

Ello nos permite aceptar que la realidad incluye lo que ocurre fuera y dentro de nosotros, y así podemos actuar en el presente y desarrollar resiliencia.

Desde la terapia de aceptación y compromiso **contamos con herramientas para distanciarnos de nuestros pensamientos y vivir el presente**. De este modo, podemos actuar de acuerdo con lo que realmente nos importa. A continuación, exploraremos recursos prácticos para trabajar esto.

EJERCICIO

Una conversación con tu mente

PARTE 1

Pon nombre a tu mente

Dale un nombre a tu mente y, si quieres, una apariencia física. **¿Qué aspecto tiene? ¿Con qué acento habla? Puedes dibujarla en tu libreta** usando los materiales que necesites. Este ejercicio te ayuda a reconocerla como algo separado de ti.

PARTE 2

Tengo el pensamiento de que...

Cuando aparezca un pensamiento, obsérvalo sin engancharte a él. Por ejemplo, si tu mente dice: «No voy a poder con esto», reformúlalo así: «Estoy teniendo el pensamiento de que no voy a poder con esto». Esta pequeña distancia nos recuerda que no somos nuestros pensamientos, y que nuestras sombras internas no definen la realidad que vivimos.

Puedes reservar unos minutos al final del día o usar un archivo en el móvil llamado «Pensamientos» para anotarlos cada vez que aparezcan.

Luego, **somételos a interrogatorio con las cuatro preguntas para salir de la caverna**, como cuando tu madre abría el armario para comprobar que no había ninguna bruja dentro:

1. ¿Es cierto? Por ejemplo: «Todo me sale mal». → ¿Es cierto en todos los aspectos de tu vida?

2. ¿Me sirve? ¿Este pensamiento me ayuda a vivir según mis valores o me bloquea y me duele?

3. ¿Quién sería yo sin él? Imagina que no te lo crees: ¿cómo te sentirías? ¿Qué podrías hacer sin esta piedra en el zapato?

4. ¿Puedes dejarlo estar? No hace falta eliminarlo. Es como cuando suena una canción que odias mientras tomas café con tu amiga: está, pero puedes concentrarte en la conversación para que la incomodidad que te genera la canción pierda fuerza.

Identificar que es tu mente la que habla te ayuda a despegarte, tomar distancia y no creerte todo lo que piensas. No se trata de eliminar pensamientos —sería como pedirle al DeLorean que no viajase—, sino de elegir desde dónde vivir: desde el miedo y la evitación o desde la acogida del dolor para poder sanarlo y actuar.

La historia que te cuentas: cómo determina el relato que construyes lo que sientes, piensas y haces

No vivimos los hechos solo por lo que son, sino también por la interpretación que hacemos de ellos y el impacto que creemos que tienen en nuestra vida. **Un cambio no es solo lo que ocurre, sino lo que creemos que significa.** Esa narrativa puede ser una trampa o una herramienta que nos ayude a salir o a quedarnos atrapadas en el laberinto del cambio.

Si caemos en la trampa de la personalización o de la magnificación —que aparece cuando rumiamos— y pensamos: «Todo se arruinó porque no hice lo suficiente, debería haber actuado de otra forma», entramos en un bucle de victimismo y culpa que nos mina la confianza y limita nuestras decisiones. El pasado no cambia, pero el presente se debilita.

Eso le pasaba a Ana, que, tras pasar años cuidando de su madre enferma, se atormentaba pensando que no había hecho todo lo posible. Su mente repetía situaciones imposibles, ignorando que había hecho más que suficiente. Por su parte, Dani tuvo que cerrar su negocio tras la pandemia y ahora revisaba mentalmente cada decisión, creyendo que todo había sido culpa suya, sin ver que muchas variables estaban fuera de su control. Lucía, tras su primer parto, se reprochaba no haber tenido el parto «natural» soñado. A todos ellos la rumiación los alejaba del presente y les robaba paz.

En cambio, si logramos mirar la realidad con objetividad y decirnos: «Hice lo mejor que pude con los recursos que tenía; este cambio dolió y sacudió mi vida, pero sigo aquí», nuestra postura cambia.

Esa diferencia, aunque sutil, marca el inicio de la reconstrucción. Aceptar no es rendirse, sino dejar de pelear con lo que fue para avanzar hacia lo que puede ser.

La psicología narrativa explica bien este efecto. La manera de ordenar los hechos y nuestras interpretaciones en un relato coherente influye en el **S. I. R.: sentir, integrar y recordar**. La forma como ordenamos nuestra historia afecta a cómo la sentimos, la recordamos y la incorporamos. Por eso, **en terapia no solo exploramos lo que pasó, sino que trabajamos en reescribir la historia**.

Reescribir no es mentir, es mirar desde otros puntos de vista para crear un relato más justo, compasivo y liberador. No significa olvidar lo ocurrido, sino integrarlo como un capítulo doloroso que no nos define ni nos duele tanto. La terapia narrativa nos recuerda que no somos el problema, sino que tenemos una relación con él. Nuestras historias no son versiones cerradas de lo vivido, sino relatos en construcción.

Tomar distancia del relato dominante —ese que se repite con culpa, vergüenza o impotencia— **abre espacio para recontar la experiencia con más consciencia y compasión**. Cuando atravesamos un cambio o duelo, los pensamientos y emociones nos pueden nublar la vista. Este ejercicio, inspirado en la obra de Michael White y David Epston, te invita a contar tu historia como narradora y no solo como protagonista. No sirve para borrar el dolor, sino para tomar distancia respecto a juicios y emociones intensas, mirarte con comprensión, validar lo que sentiste y recuperar agencia sobre tu experiencia.

Recuerda que las historias no son mentiras, pero pueden ser incompletas. Reescribirlas no borra el dolor, sino que te devuelve agencia: te recuerda que no solo te pasaron cosas, tú también respondiste a ellas.

EJERCICIO

La historia que aún no te has contado

- **Asume el papel de narrador externo:** Imagina que eres otra persona que está contando tu historia. Ese yo narrador no eres tú, sino alguien que observa y relata con cuidado lo que ocurrió.
- **Escribe el relato:** Describe los hechos, las emociones y los pensamientos de la protagonista (tú) como si contaras su historia a una tercera persona. No juzgues, no minimices ni exageres, solamente observa y relata.
- **Deja reposar:** Una vez terminado, guarda el texto durante unos días antes de leerlo de nuevo. Esto ayuda a que se regule tu estado emocional y a que puedas observar tu historia con claridad.
- **Reflexión posterior:** Al releer el relato, responde a preguntas como:
  - ¿Qué emociones surgen ahora?
  - ¿Qué partes de la protagonista reconozco con más compasión?

o ¿Qué nuevos matices o aprendizajes percibo sobre cómo respondí a la situación?

Este ejercicio te permitirá poner distancia, validar tu experiencia y apreciar tu capacidad de afrontamiento, incluso en medio del dolor. **La narración externa ayuda a mirar lo que pasó con claridad y autocompasión**, acompañándote a ti misma como harías con alguien a quien quieres. Te invita a practicar la regla de oro de la empatía: trata a los demás con el mismo cuidado y respeto con el que te tratas a ti mismo.

¿Por qué cambios que antes llevábamos bien de repente nos desbordan?

Una pregunta parecida a la que encabeza este apartado me la hizo Laura hoy en consulta: **«¿Por qué antes esto no me afectaba y ahora sí?»**. Ella estaba enfrentando varios cambios: sus padres envejecían, se le acumulaban responsabilidades inesperadas en el trabajo y apenas veía a sus amigas. Todo esto la tenía especialmente sensible. Buscaba entender por qué ahora todo le parecía más pesado.

Le respondí que **lo que ocurre hoy ayer no estaba pasando**. Aquello no formaba parte de tu presente, aunque supieras que ciertos cambios llegarían, como el envejecimiento de tus padres o asumir responsabilidades que reducen el tiempo con tus amigas. Lo que antes creíamos poder manejar ahora que lo vivimos puede parecernos más intenso.

Como vimos en el capítulo 3, el momento en el que vivimos un cambio influye directamente en cómo lo sentimos.

Nuestro sistema nervioso no es una máquina, sino un organismo vivo que responde al presente, cargando su historia y su estado actual. Si estamos cansadas, en duelo o vulnerables, un cambio que antes parecía llevadero ahora puede desbordarnos. Por ejemplo: una mudanza puede convertirse en un completo caos tras una separación; una discusión familiar que antes resolvíamos rápido ahora provoca insomnio; un proyecto laboral que anteriormente nos motivaba en la actualidad puede generar bloqueo y sensación de fracaso. Esto sucede porque cuerpo y mente no procesan los cambios en abstracto, sino desde el cansancio, el estrés acumulado y las emociones no resueltas, lo que puede intensificar —y a veces desbordar— la vivencia de cualquier transición.

En muchos casos, no es que hayamos dejado de ser capaces, sino que estamos atravesando un momento que nos exige más recursos de los que ahora tenemos disponibles. Reconocerlo nos ayuda a tratarnos con mayor compasión y a dejar de juzgarnos como débiles por sentirnos sobrepasadas.

La **teoría del vaso** lo explica claramente: no es solo lo que entra (el cambio), sino lo lleno que está el vaso (contexto interno) y lo grande que es (contexto externo). Cuando ya venimos cargadas, una gota puede hacer que el agua rebose. **Por eso, aquí propongo activar la autocompasión: observa tu vaso como si fuera el de tu mejor amiga.**

EJERCICIO

El peso de mi vaso

1. **Dibuja un vaso y ve escribiendo dentro todos los cambios** y responsabilidades que has asumido en los últimos tres años.

2. **¿Qué hay? ¿Dirías que está lleno? ¿Cuánto te está costando vaciarlo o sostenerlo?**

3. Al lado, **anota las cosas que te ayudan a vaciarlo o a sostenerlo,** ya sea en el presente, en el pasado o que imaginas que podrían ayudarte en el futuro.

4. **Reflexiona:** ¿Te estás mirando desde un lugar compasivo o exigente? ¿Cómo cambiaría tu forma de tratarte si entendieras que estás haciéndolo lo mejor que puedes con lo que tienes?

Hay momentos en los que **darnos permiso para no poder, mirarnos de manera amable y comprendernos** es el acto más importante, porque a veces es justo eso lo que nos permite pedir la ayuda que necesitamos para volver a comenzar.

Cuando te sientas perdida, abrumada o fuera de control, recuerda:

- **Aceptar no es justificar** lo que pasó, sino **reconocer que ocurrió**.
- **Pensar sin parar no sana:** La rumiación solo posterga el encuentro con lo que duele.
- **El cuerpo y el cerebro necesitan tiempo** para procesar lo que la razón ya sabe.
- **No eres tus pensamientos:** Eres quien los observa y elige qué historia sostener.
- **Reescribir** tu historia no borra lo que sucedió, pero **te devuelve poder sobre cómo recordarlo**.

5

SENTIR SIN QUEDARSE ATRAPADA

....

La vida, a veces, también duele

Elisa, de treinta y dos años, tenía la vida perfecta. Nació en una familia acomodada con unos progenitores responsables, afectuosos y comprensivos. Brillante en el colegio, popular en el instituto, estudió lo que le gustaba y, tras las prácticas, le ofrecieron un contrato indefinido. Conoció a un hombre estupendo, se enamoraron y eran la pareja ideal, como las que salen en las comedias románticas… hasta que él, volviendo un día del trabajo, tuvo un accidente de tráfico y murió.

Dos meses después, Elisa estaba frente a mí al otro lado de la pantalla:

—Esto no debería haber pasado. No nos puede haber pasado. He tenido una vida feliz, nunca había tenido que enfrentar algo así. Tiene que haber una manera de arreglarlo, de recuperar lo que tenía. No sé qué hacer con este dolor, a veces me resulta insoportable. Me da miedo.

—Entiendo que te sientas así —le dije—. Lo raro sería no sentirlo, dadas las circunstancias.

Porque ¿cómo es posible no sentirse así cuando las circunstancias arrasan con tu existencia cual sunami?

Imagina que en *D'Artacán y los tres mosqueperros* D'Artagnan se quedara sin Julieta, el amor de su vida, y ninguno de los mosqueteros estuviera a su lado. Elisa se sentía sola, aislada en un mundo desconocido, el que habían creado sus emociones ante un cataclismo que destrozó su vida.

Sentir vacío, tristeza, envidia, decepción, inseguridad… duele. Asusta. Escuece. **Pero esas emociones forman parte del ser humano cuando algo que creíamos estable cambia.** Y sí, da miedo, porque nos enfrentamos a algo extraño, inesperado, que rompe las reglas que hasta entonces parecían inalterables. Te pasa a ti, a mí y le pasó a Elisa.

Es entonces cuando aprendemos que la vida duele, a veces más de lo que creemos poder soportar. No solo por la herida emocional, sino porque sentimos que no tenemos herramientas, ni normas, ni mapa ni guía.

La vida pone en jaque lo que creemos sobre cómo debería funcionar el mundo y lo que está permitido sentir. A veces lo hace de forma brusca, como cuando de niña descubrí que David el Gnomo no vivía en el eucalipto del patio y que los cinco duros del Ratoncito Pérez salían del monedero de mis padres. Aquella tarde en la que un ladrón se llevó mi cajita de los dientes no solo desapareció una fantasía: también cambió mi manera de mirar la vida. Al ver la pena en la cara de mi madre entendí que el Ratón Pérez no existía y que había sido ella todo el tiempo. Fue una decepción, sí, pero también un aprendizaje temprano: para seguir viviendo hay momentos en los que toca cambiar las reglas, ajustar la graduación de las gafas con las que miramos el mundo y aceptar que la vida no es justa, que no va de merecer, y que a la gente buena no siempre le pasan cosas buenas, sino también regulares y malas.

Si soy sincera, esto de recalibrar las creencias y permitirnos sentir lo que incomoda no es moco de pavo. Sí, las emociones incómodas forman parte de la vida y mucho de lo que creemos es una falacia, pero también es cierto que nos viene de perlas sentir emociones agradables la mayor parte del tiempo, vivir situaciones cómodas y que nuestra existencia siga el camino marcado.

No queremos cambiar las reglas ni nuestra forma de sentirnos, y esto lo veo muchísimo en consulta. A mí acuden personas cuyo trabajo terapéutico —y vital— es **darse permiso para ser quienes son después del cambio y sentir las emociones incómodas que este provoca**.

Eso implica hacer espacio al dolor, a la decepción, a la envidia, a la apatía o al vacío, aprender a decirnos que no debemos huir de lo que sentimos porque **cada emoción trae un mensaje**, incluso aquellas que preferiríamos no escuchar.

Y no, no se trata de romantizar el sufrimiento ni de creer que todo dolor esconde una lección. **A veces el dolor es simplemente eso: dolor.** No siempre trae consigo una enseñanza, pero **siempre viene a mostrarnos algo**.

El sentido del dolor: qué es y para qué está

Si pudiéramos elegir, nadie querría sentir dolor. Lo evitaríamos como una calle oscura por la noche o como una criatura aprieta los labios para no tomar ese jarabe más amargo que un limón. Pero el dolor, amiga mía, **es necesario para nosotras como especie**. **¿Y por qué?** Porque no es un castigo —aunque a veces lo parezca—, sino un mecanismo que desarrollamos para protegernos, para avisar de que algo requiere atención, cambio o reparación. El dolor de una herida es tan necesario como el pinchazo que notamos en el pecho cuando algo o alguien nos rompe el corazón.

El dolor es una señal. Un indicador de
que algo necesita cuidado.

El dolor tiene varias funciones:

Informar

El dolor —físico o emocional— es **una alarma que nos ayuda a sobrevivir**. Si no lo sintiéramos, podríamos seguir caminando con una pierna rota hasta destrozarla. Si no percibiéramos el sufrimiento emocional, podríamos quedarnos en relaciones que hacen daño o repetir decisiones que no nos convienen sin darnos cuenta.

Durante toda la evolución, **sentir dolor ha sido clave: nos aleja del daño y, al mismo tiempo, nos empuja a**

buscar protección, vínculo y refugio en quienes nos hacen sentir seguras. La neurociencia lo respalda: el dolor emocional y el físico se procesan en las mismas zonas del cerebro. De hecho, la investigación de Naomi Eisenberger y Matthew Lieberman muestra que el rechazo social activa zonas como la corteza cingulada anterior dorsal, la misma que cuando nos quemamos o nos hacemos una herida. **Es decir: para el cerebro, una laceración en la piel duele en el mismo lugar que una herida en el alma.**

Guiar

Sentir malestar cuando perdemos a alguien o algo importante no es raro: significa que nuestro sistema funciona. Nuestra brújula interna nos dice: «Ha cambiado algo importante. Para. Mira qué ha pasado. Esto requiere atención». El dolor **nos obliga a realizar una pausa** en un mundo que prefiere que sigamos produciendo.

Milagros, por ejemplo, llevaba años haciendo el trabajo de dos personas, sin reconocimiento y sin vida propia fuera de la oficina. Su pareja, su familia, sus aficiones…, todo había desaparecido. Cuando llegó a consulta, me decía: «Mi vida es un desastre en todo menos en el trabajo». Le sugerí hacer una pausa para ver qué estaba ocurriendo, pero me respondió que no podía: tenía demasiado trabajo pendiente, demasiada culpa, demasiado miedo a decepcionar.

Tras varias sesiones, Milagros paró la terapia porque venía una época fuerte en la oficina. Cuando la retomó, me escribió: «Tenías razón con lo de parar. Ya no puedo más. Me paso el día llorando, no disfruto de nada, todo me desborda». Su cuerpo y su mente habían dicho basta. Esa pausa que tanto temía fue lo que le permitió ver con claridad: no era su vida privada lo que estaba mal, sino las condiciones laborales, que no la dejaban vivir. «Solo cuando he parado he podido darme cuenta de lo que me dolía y tomar medidas», me dijo.

Parar nos da la oportunidad de mirar hacia dentro, reconocer lo que nos ocurre y permitirnos sentirlo. El dolor abre esa pausa necesaria para comprendernos y reorganizarnos. Como dice Robert Neimeyer: «El sufrimiento emocional integra, porque nos obliga a reconstruir el sentido cuando una pérdida lo desordena todo».

El dolor rompe, sí, pero también reordena. Y a veces reordenar es romper con lo que ya no nos sostenía.

Sentir las dos caras de la moneda de vivir

Sentir es el precio que hay que pagar por estar vivas, por no volvernos indiferentes, por permitir que algo o alguien nos importe. El duelo es el precio de habernos implicado, de haber confiado, de apostar emocionalmente por algo que dio sentido a una etapa: una persona, un trabajo, un proyecto, un hogar. Cada compromiso lleva inversión de tiempo, energía, deseo y presencia. Si no doliera, significaría que no había sido significativo.

El dolor es, en el fondo, la prueba de que hemos vivido conectadas y presentes en nuestra propia historia.

La psicóloga de Harvard Susan David lo resume muy bien cuando dice que **las emociones que nos duelen no son malas, sino el precio de una existencia con significado**. Y no, esto no va de endulzar lo *inendulzable* ni de romantizar el sufrimiento, sino de reconocer que el dolor —hasta cierto punto— cumple una función: **recordarnos que seguimos vivas, sensibles y humanas**.

Si no existiera, viviríamos anestesiadas, y esa insensibilidad no discrimina: adormece el sufrimiento, pero también la alegría y la satisfacción. El dolor es una cara de la moneda; la otra es la capacidad de sentir, amar, importar e implicarnos en el mundo. **Solo quien se permite sentir ambas caras puede mirar la vida de frente.**

Unir

El dolor es íntimo. Solo quien lo siente sabe cómo le atraviesa, pero también nos conecta. Numerosos estudios, como los de J. Decety y P. L. Jackson o el de Singer y Lamm, nos demuestran que, cuando vemos sufrir a alguien, nuestro cerebro activa las mismas zonas que cuando sufrimos nosotras, como si compartiéramos por un instante la misma herida.

Esta respuesta empática nos recuerda que **no estamos solas**: nos impulsa a acercarnos, consolar y sostener. **Por eso compartir el dolor importa.** Cuando lo expresamos y alguien nos acompaña sin intentar arreglarlo, el cuerpo lo nota. Zak, Stanton y Ahmadi comprobaron que se reducen los niveles de cortisol y sube la oxitocina. El sufrimiento pesa menos no porque desaparezca, sino porque no lo cargamos solas.

El dolor compartido no se multiplica: se alivia.

Un estudio de Coan, Schaefer y Davidson mostró que coger la mano de alguien a quien queremos reduce la respuesta del cerebro ante una amenaza. Incluso la de un desconocido calma, aunque menos. **Cuanto mejor sea la relación, mayor será el efecto.**

No estamos hechas para enfrentar solas lo difícil. Un gesto tan simple como tomarnos de la mano puede ser medicina emocional. **Los vínculos seguros no solo arropan el corazón: también calman el cerebro. La compañía no elimina el dolor, pero sí cambia cómo lo sentimos.**

Accionar

Nos cuesta entender el dolor. A veces, pasan semanas, meses o años (como le ocurrió a Milagros) hasta que podemos decir: «Ahora entiendo lo que me estaba diciendo aquel sentimiento».

Para ello hay que mirarlo con honestidad, darle espacio y preguntarle: «¿Para qué estás aquí? ¿Qué quieres que haga?». Si lo escuchas, probablemente te diga: «Pon límites, aléjate de esto o cambia tu manera de actuar». Sentir dolor no significa que estemos rotas, sino vivas, despiertas y sensibles.

En resumen: a nadie le gusta sentir dolor. Lo evitamos, lo silenciamos, lo disfrazamos, pero existe para enseñarnos y protegernos.

El dolor y todas las emociones incómodas,
que son sus mensajeras, están ahí para ayudarte.

Tienen una función, un sentido, un «para qué». Por eso he querido resumir su función en un acrónimo fácil de recordar: **D. A. R. S. E. (da señal, activa, reorganiza, socializa y enseña)**.

- **D: Da señal de alarma:** El dolor emocional actúa como una alarma interna que nos protege y nos orienta ante algo que nos afecta profundamente.

- **A: Activa el cuerpo como si fuera físico:** El cerebro procesa el dolor emocional de forma muy similar al físico, con reacciones reales en el cuerpo. No es solo mental.

- **R: Reorganiza nuestro mundo interno:** Nos obliga a frenar, mirar hacia dentro y reconstruir nuestra narrativa emocional.

- **S: Socializa el malestar:** Tiene una función social clara: nos mueve a *buscar* apoyo, consuelo y contacto humano.

- **E: Enseña y empuja al cambio:** Aunque duela, el dolor tiene utilidad adaptativa. Nos permite aprender, accionar y transformar lo que vivimos.

D. A. R. S. E. nos recuerda que el dolor protege, conecta y transforma. Con atención y compasión, **puede ser un aliado que revela lo que de otro modo permanecería oculto**.

Evitar versus procesar: la diferencia que lo cambia todo

Atreverse a sentir lo que duele nos deja vulnerables y desorientadas. Es natural: nuestro cuerpo y nuestra mente están diseñados para protegernos, igual que los cactus desarrollan espinas. A lo largo de la historia, la humanidad ha buscado calmar el dolor con rituales, medicinas o técnicas psicológicas, y algunas nos ayudan, pero otras solo taponan el malestar, que termina saliendo por otro lado.

En consulta uso la **metáfora de los chorritos de la piscina**: sentir, pensar y hacer son tres chorros que permiten procesar la vida. Si tapamos uno, el agua (nuestra energía emocional) busca salida por los otros. Por ejemplo, si evitamos sentir, la mente se desborda y el cuerpo actúa sin control.

Un ejemplo claro es el de Luisa. Durante semanas evitó pensar en que su relación se estaba apagando. Cada vez que notaba tristeza o miedo, se convencía de que todo estaba bien y se volcaba en el trabajo, en la casa o en los demás. Tapó el chorrito de sentir. Entonces el de pensar se desbordó: no podía dormir, su mente daba vueltas sin parar imaginando escenarios futuros. Su energía emocional buscaba salida y terminó agotada y desbordada. Lo que evitamos sentir se piensa o se hace; lo que evitamos pensar se siente o se actúa; lo que evitamos hacer se piensa y se siente.

Cuando taponamos, no dejamos de pensar,
sentir o hacer: solo cambiamos la forma
en que eso se expresa.

Evitar puede parecer útil, pero a largo plazo aumenta el sufrimiento. Socialmente se nos enseña a tapar el dolor con frases como «Sé fuerte» o «No pienses en eso», pero, tal como nos indica Kashdan, así solo conseguimos desplazar el peso y provocarnos ansiedad, tristeza difusa, somatizaciones o sensación de vacío. Es como llevar una mochila llena de piedras y cambiarlas de compartimento esperando que pesen menos.

La terapia de aceptación y compromiso, tal como nos la explican Hayes, Strosahl y Wilson, nos recuerda que el dolor es inevitable y que el sufrimiento prolongado nace de la lucha por no sentirlo. Cuanto más intentamos ignorarlo, más aparece, como en el experimento del oso blanco de Wegner. Decir «No pienses en un oso blanco» lo hace más presente en la mente. La ACT propone un enfoque radical y compasivo: dejar de huir de nuestras emociones, escucharlas, darles nombre y actuar según lo que es importante para nosotras. No es victimizarse ni romantizar el dolor, sino aprender a sostenerlo, como si fuera una ola: resistirse nos garantiza el fracaso, aceptarla nos permite avanzar.

Se trata de aprender a estar con el dolor sin que nos arrastre. Sostenerlo, respirarlo, dejar que nos muestre algo.

Aceptar no significa resignarse. Es reconocer lo que sentimos, sin juzgarlo ni esconderlo, y usarlo como información. Permitirnos llorar es como dejar que la lluvia limpie los cristales: nos ayuda a ver con más claridad **lo que de verdad importa**.

¿Y cómo hago para sostener el malestar sin que me arrastre?

Hay momentos en los que sientes el dolor como una mochila pesada, constante, presente desde que despiertas, al mirar el móvil, al relacionarte, al ir a la compra o al trabajo. Y te preguntas: **«¿Qué me pasa? ¿Cómo sostengo esto sin que me hunda?»**.

Sostener el malestar no significa resistirlo a fuerza de voluntad, tragarse las lágrimas como si fueran piedras ni vivir anestesiada, desconectada o en modo avión con tranquilizantes cuyo nombre suele acabar en «-pan».

> Sostener el malestar es más parecido
> a aprender a llevar algo delicado
> entre las manos.

Desarrollar **estrategias de regulación emocional es clave**. No se trata de un talento mágico: es una habilidad que se adquiere, igual que nadar o montar en bici. Podemos aprender a surfear nuestras emociones sin que nos tumben cada vez que viene una ola.

Aquí es donde cobra sentido el *mindfulness* (consciencia plena). No como moda, sino como práctica que te ayuda a acercarte a mirar lo que sientes. El hecho de poner consciencia y dar nombre a la emoción ya calma la amígdala, que se activa cuando sentimos una amenaza, tal como comprobaron Lieberman y su equipo. Kabat-Zinn, en su libro *Vivir con plenitud las crisis*, nos invita a decir «Estoy sintiendo tristeza» en lugar de rechazarla diciendo «No puedo más con esto». Después ya se puede pasar al cuerpo, localizar la emoción en el tronco, en la cara. Eso hace que podamos actuar en vez de dejarnos arrastrar por la emoción y que acabe convirtiéndose en un sentimiento o estado de ánimo de mayor duración, que es lo que no queremos.

Otra herramienta fundamental en los momentos difíciles es **la autocompasión**. Muchas veces, al oír la palabra «compasión», algunas personas piensan en dar pena o en algo relacionado con la debilidad. Sin embargo, significa acercarse al propio sufrimiento con cuidado y ternura, como si sostuvieras una pompa de jabón frágil y delicada. Aprender a sostener el dolor, dejar que exista y que sane a su ritmo, como cuando cuidamos y acompañamos a alguien que lo está pasando mal. Sin embargo, acercarnos al sufrimiento de otros suele resultarnos más fácil que mirar el propio. La investigadora y psicóloga estadounidense Kristin Neff dice que **la autocompasión tiene tres ingredientes**:

- **Ser amable contigo misma**, en lugar de machacarte.
- Recordar que **no eres la única que sufre**; el dolor es humano.
- **Estar presente con lo que sientes, sin magnificar ni ignorar.**

Aparte de ser un gesto bonito hacia ti, se ha comprobado que practicar la autocompasión mejora la salud mental, ayuda a regular las emociones y te hace más resiliente frente a la vida. Porque, al final, **cuando más necesitas cuidado es**

cuando peor te sientes. Y sí, las demás personas pueden acompañarte.

Ahora bien, nadie como tú es capaz de averiguar
y saber qué es lo que mejor te viene
en esos momentos.

Muchas veces lo que más fastidia no es el dolor, sino cómo te hablas cuando estás atravesándolo. Si te dices cosas como «No debería sentir esto», «Estoy exagerando» o «Esto ya tendría que estar superado», añades culpa, vergüenza, exigencia… Es como si te cayeses en un charco enfangado y para limpiarte te duchases con más barro.

La clave de todo ello está en el cuerpo. A veces lo que no expresas en palabras encuentra su salida en forma de tensión, insomnio, cansancio o dolor. Intenta tener hábitos saludables: duerme, haz ejercicio, nútrete y come sin culpa, abraza, respira hondo.

No hace falta ser de hierro. Permítete sentir, trátate con ternura y recuerda: no estás hecha para quedarte en el barro, sino para atravesarlo. **Como quien camina con las botas manchadas y cargadas de peso, pero avanza.**

Para ayudarte a practicar la autocompasión, quiero proponerte un ejercicio al que recurro muchas veces en consulta: **poner fuera la parte de ti que lo pasó mal o está sufriendo**, observarla y acompañarla con ternura. La intención es que pueda sentirse escuchada, sostenida y acompañada.

Practica la autocompasión

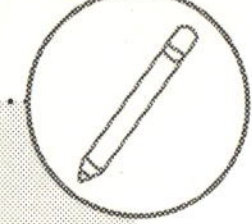

Paso 1: Visualiza a tu yo herida

1. Siéntate o recuéstate en un lugar cómodo.

2. Cierra los ojos y trae a tu mente la imagen de esa parte de ti que lo está pasando mal.

3. Hazte estas preguntas:

   - ¿Dónde está ubicada en el espacio en el que te encuentras?
   - ¿Cómo va vestida?
   - ¿Qué expresión tiene en su rostro?

4. Observa sin juzgar; permite que aparezcan los sentimientos. Está bien emocionarse.

Este primer paso es **reconocer tu dolor** y darle un lugar en el ahora, separándolo un poco de ti para poder acompañarlo con claridad.

Paso 2: Acércate con compasión

1. Pregúntate:

   - ¿Qué le quieres decir?
   - ¿Qué te gustaría hacer por ella?
   - ¿Qué necesitabas en aquel momento que no pediste o que nadie te dio?

2. Acércate mentalmente a esa parte de ti y **siéntate a su lado**.

3. Imagina abrazarla o colocar tu mano sobre la zona donde sientes el dolor en tu cuerpo.

4. Dile palabras amables, sinceras y suaves, como si hablaras con alguien a quien quieres mucho y sabes que está sufriendo. Por ejemplo: «Te veo, te entiendo, estoy contigo»; «No tienes que cargar esto sola, puedes descansar un momento». Este gesto combina **la atención, el contacto físico y la ternura verbal**, y nos ayuda a calmar la mente y el cuerpo.

Paso 3: Escucha a tu cuerpo

1. Observa cómo se siente tu cuerpo en este momento: tensión, cansancio, dolor o insomnio.

2. Haz un pequeño gesto de cuidado:
   - Coloca la mano sobre la zona donde sientes el malestar.
   - Respira hondo varias veces, sintiendo el aire que entra y sale.
   - Mueve suavemente brazos, hombros o cuello si hay tensión acumulada.

3. Recuerda que **sostener tu malestar también es cuidarte**: come sin culpa, duerme, pide abrazos, muévete.

Paso 4: Integra y avanza

1. Permítete sentir lo que aparece, sin presionarte.

2. Trátate con ternura y compasión.

3. Recuerda que **no estás hecha para quedarte en el barro, sino para atravesarlo**. Cada pequeño gesto de cuidado es un paso hacia delante, aunque las botas estén manchadas y pesen mucho.

4. Si quieres, termina el ejercicio escribiendo unas palabras para tu parte herida, para recordarle que **la acompañas y que no está sola**.

Paso 5: Diario de acompañamiento en tu dolor
- Anota cómo te sentiste al realizar cada paso.
- Reflexiona sobre los posibles cambios en tu estado emocional o corporal.
- Repite el ejercicio tanto como lo necesites; la práctica fortalece la habilidad de la autocompasión.

Técnicas para acompañarte en la acción, el sentimiento y el pensamiento

Cuando el dolor llama a nuestra puerta, muchas veces queremos huir, taparnos los oídos o mirar hacia otro lado. Sin embargo, aprender a acompañar esos sentimientos difíciles es como aprender a bailar con la tormenta en lugar de pelear contra ella. Para eso te propongo dos herramientas sencillas inspiradas en la terapia de aceptación y compromiso, que podemos llevar en el bolsillo: **R. O. D. A. R.** y **R. O. P. A.**

Atrévete a rodar

Tranquila. No voy a ponerte a hacer la croqueta. **R. O. D. A. R. aquí es un acrónimo para ayudarte a transitar lo que**

sientes sin que te secuestre y para que puedas actuar como quieres. Implica:

- **Respirar:** Poner consciencia en nuestra respiración. Tomar aire por la nariz y expulsarlo por la boca.
- **Observar:** Qué te pasa en el cuerpo, dónde lo sientes.
- **Denominar:** Poner nombre a la emoción.
- **Actuar:** Conectar con lo que es importante para ti y actuar en consecuencia.
- **Reconocerte:** Es importante valorar tus esfuerzos y reconocer cuando actúa de acuerdo con tus valores y no en contra de ellos. Eso te hace sentir satisfacción.

Ejemplo: Cuando tiraba un vaso de agua, mi padre se enfadaba. Ahora, aunque me hierve la sangre al ver caer un vaso, no quiero reñir a nadie. Primero: **respiro**. Luego **observo** la sensación en mi cuerpo y la **denomino**: «Enfado porque tengo que limpiar». Conecto con lo que es importante para mí: respetar al otro y entender que cometemos errores. Y **actúo**: limpio yo o le paso la bayeta. Y al final **reconozco mi esfuerzo**.

Atrévete a observar la R. O. P. A.

La ropa que llevamos no solo nos cubre y nos ayuda a expresarnos, también **es una metáfora de cómo nuestros pensamientos y nuestras emociones afectan a la imagen que**

transmitimos y tenemos de nosotras mismas. Te invito a **descubrir qué prendas mentales usas para relacionarte con el mundo y contigo**. Cada letra de R. O. P. A. es un paso para acercarte a ti misma y elegir qué pensamientos te resultan útiles:

- **R**eflexiona sobre qué pensamientos estás teniendo, como si fueran las prendas que eliges cada mañana. Escríbelos en un papel.
- **O**bserva y pregúntate si hay hechos reales que despierten esos pensamientos y sentimientos o si estás reaccionando a una película que está emitiendo tu mente.
- **P**on atención a la utilidad que estos tienen para ti. ¿Te resultan útiles en algún sentido? ¿Te ayudan?
- **A**justa, si es necesario, esos pensamientos y observa el impacto que tienen en tus emociones. No es lo mismo pensar «Todos vamos a morir» que decir «Todos vamos a morir, pero hoy no». No tengas miedo de cambiar lo que no te sirve, como cuando decides quitarte una camiseta que te hace sentir incómoda y ponerte otra que te sienta mejor.

Estas técnicas no son fórmulas mágicas ni soluciones instantáneas. Son un recurso, como un espejo revolucionario que te ayuda a **mirarte con ternura, sin juzgar, reconociendo que detrás de cada emoción hay una persona aprendiendo a vivir y a tratarse mejor**.

Aprender a acompañarte en los momentos difíciles
es un acto de amor propio, es generar un espacio
seguro para ti, contigo. Nadie conoce mejor
tu historia que tú.

Atreverse a sentir y a gestionar emociones incómodas permite procesarlas. Es como protegerte del frío y de la lluvia para luego disfrutar del sol. Rechazar el dolor también implica repudiar su complemento: la alegría, la ternura y el amor.

Imagínate un campo arrasado por el viento: los árboles altos caen, pero el junco, delgado y sencillo, permanece intacto; y no por ser más fuerte, sino más flexible. **Así debemos actuar ante el dolor y el cambio: aprender a doblarnos, a mecernos, a sentir sin juzgarnos.** Debemos ser como el junco, que tras la tormenta se erige de nuevo, con la raíz firme y el corazón abierto.

Evitar lo que duele nos desconecta de lo que importa. Procesarlo nos devuelve a nosotras, nos permite mirar la vida de frente, con sus partes hermosas y ásperas. Estar tristes no significa estar rotas. **Tener miedo no es rendirse. Sentir es estar vivas.**

Si hoy te duele, no huyas. Respira, pide ayuda, nómbralo, atiéndelo. Pregúntale: «¿Qué necesitas?». Busca dentro de ti cómo salir del túnel y florecer de nuevo.

Porque la resiliencia es tener valentía, voluntad
y ternura para estar dispuestas a levantarnos
cuando caemos.

6

ACEPTAR SIN RENDIRSE: APRENDER A VIVIR LO QUE DUELE SIN DEJAR DE ELEGIR

Aceptar algo no significa que lo tengas que abrazar

Una de las resistencias más comunes ante el cambio es la pregunta «¿Por qué? ¿Por qué a mí? ¿Por qué me toca esto?». **Buscamos la respuesta porque creemos que encontrarla es lo que nos sanará.** Cuando murió mi hija Inés, quise encontrar lógica, algo que me devolviera el control. Hablé con médicos, revisé informes, busqué explicaciones entre líneas. Recuerdo una conversación que mantuve con el ginecólogo; él me escuchó en silencio y luego dijo con calma, casi resignado: «Eirene, una razón sí hay, pero hoy la medicina no puede dártela».

Esa frase me atravesó. Me enfadó, pero también me detuvo. **El porqué que buscaba no podía saberse, y seguir buscándolo solo me agotaba.** Con el tiempo entendí que a veces no hay respuestas claras. Sanar empieza cuando dejamos de exigirle explicaciones al mundo. La mente necesita sentido, pero la vida no siempre lo da. A veces, tenemos que dárselo nosotras mismas.

¿Cómo iba a proseguir mi camino con esa duda y todas las incertidumbres que surgían de ella?

Me encuentro a menudo, en libros, frases de azucarillos o posts de Instagram, el discurso de abrazar todo lo que nos ocurre: hechos, emociones, errores propios o ajenos… y siempre me rebelo. Porque **¿cómo es posible abrazar el dolor? ¿Cómo pretenden que abraces algo que ha cambiado tu vida para mal, a costa de perder cosas valiosas?** Hay emociones, hechos y situaciones que simplemente no se pueden abrazar. La vida incluye sucesos inaguantables, ilógicos, inadmisibles, incluso imperdonables.

Ahora bien, **entender y tolerar que forman parte de la existencia no es lo mismo que abrazarlos**. El lenguaje importa: etimológicamente, «abrazar» es rodear con los brazos, y la RAE añade un matiz: «Estrechar con cariño». Sin embargo, lo que nos hiere o nos destroza no nos despierta precisamente ternura.

De ese modo, usar ese término para emociones, situaciones o personas que nos incomodan nos pone en una situación contradictoria. ¿Tengo que abrazar aquello que me genera rechazo? De ningún modo. En inglés hay una palabra idónea, *embrace*, que se traduce como «abarcar», «recibir con los brazos». Me gustaría proponerte tres alternativas: «sostener», «acoger» y «gestionar». «Sostener» significa sujetar; «tolerar», prestar apoyo; «acoger» conlleva recibir con un sentimiento o manifestación especial la aparición de personas o hechos, y «gestionar» implica llevar a cabo trámites y diligencias para lograr un objetivo, manejar o conducir una situación problemática.

Es decir, acompañarnos sin hacer
de menos nuestro sentir.

Aclarado el porqué y el «para qué» de modificar el lenguaje cuando se habla de cambio y de sus consecuencias, puedo decir que **ver y dar espacio a que todo ello forma parte de la vida no nos bloquea, sino que nos libera**. Estar dispuestas a que exista bondad y maldad, luz y oscuridad, tristeza y alegría, satisfacción y frustración nos hace libres. La clave no es abrazar lo que pasa, sino sostenerlo, acogerlo y gestionarlo; así dejamos de pelear con la realidad y podemos pararnos a pensar qué hacer dentro y fuera de nosotras.

Y no lo digo solo por mi experiencia. Varios estudios, como los llevados a cabo por Kashdan y Levin, muestran que lo que marca la diferencia no es tener todas las respuestas, sino desarrollar lo que en ACT llamamos **flexibilidad psicológica**: la capacidad de permanecer presente, abrir espacio al dolor y actuar en coherencia con lo que importa, incluso sin certezas. Puolakanaho ha descubierto, mediante un estudio controlado, que aumentar esa flexibilidad redujo síntomas depresivos y de ansiedad, además de favorecer la recuperación emocional en personas que habían atravesado cambios vitales drásticos.

Aprender a vivir en el mundo de nuevo tras una ola arrasadora requiere aceptación, pero esta no siempre nos proporciona alivio inmediato.

Al principio lo podemos percibir más como resignación. Una rendición incómoda: «Bueno, es lo que hay». Recuerdo que una persona me dijo en consulta: «No quiero aceptarlo, porque, si lo acepto, entonces se convierte en real». Y tenía razón. Aceptar es validar y reconocer lo ocurrido, y eso duele. **Pero también es el primer paso para dejar de desgastarte intentando retroceder a un lugar, situación o realidad que ya no existe.**

No se trata de negar la realidad del cambio, el hecho de que alguien o algo muy valioso ya no está como tú querrías. Se trata de entender que eso no extermina tus valores (aunque puede cambiarlos) ni lo que mantiene el valor para ti a pesar del cambio. **En otras palabras: no necesitas entenderlo todo para poder avanzar. Puedes elegir avanzar contigo misma, sin abandonar lo que valoras.**

Imagínate que en tu camino aparece una roca de esas que es imposible mover. Al principio, empujas con todas tus fuerzas. Te dejas la piel, los brazos, la espalda, hasta que el cansancio se te mete dentro y te duele el alma. Durante un tiempo crees que, si te esfuerzas y te empeñas con más energía, la roca acabará cediendo. Pero no. Y cuanto más insistes, más te desgastas.

Aceptar no es amar esa roca, ni agradecer que haya caído en tu camino ni rendirte al ver cómo te bloquea el paso; es dejar de empujarla con rabia, apartarte, respirar y mirar hasta encontrar un sendero que sí puedas recorrer. Quizá sea más largo o más lento, pero será posible. Al elegirlo, algo cambia: ya no luchas contra la realidad, caminas con ella. Y eso, aunque duela, te permite avanzar.

A veces, y quizá esto cuestione alguna de tus creencias, el acto más valiente no es resistir, sino soltar.

Aceptar no es rendirse: es recuperar la energía que gastabas en intentar hacer lo imposible. Es dejar de luchar contra lo que fue y empezar a caminar hacia lo que puede ser.

El siguiente ejercicio te invita a mirar de frente lo que no puedes abrazar. No busca cambiar la existencia de las piedras, sino cómo te relacionas con ellas, y ese cambio puede ser el primer paso hacia una vida que, aunque diferente, sigue siendo tuya. Está inspirado en varios trabajos, en concreto los publicados por Hayes, Kabat-Zinn, Neff, Neimeyer y Siegel; enfoques psicológicos que han demostrado que la verdadera transformación proviene de sostener el dolor de lo que no podemos cambiar con presencia y ternura.

EJERCICIO

No eres tu dolor

Con este ejercicio, inspirado en los de J. Kabat-Zinn, haz espacio para lo que no puedes abrazar, pero sí sostener.
Busca un momento en el que puedas estar contigo, sin interrupciones. Si puedes, siéntate en silencio y coloca una mano sobre el pecho y otra sobre el abdomen. Respira lento, sin intentar cambiar nada.

Ahora, piensa en eso que no puedes cambiar de la realidad que te cuesta aceptar. No hace falta que la analices ni que te esfuerces en comprenderla. Solo reconócela. Ponle un nombre, o una imagen, si te ayuda.

Mientras respiras, imagina que sostienes ese dolor entre las manos. No para resolverlo ni para transformarlo, sino

Matar la esperanza: cuando aceptar implica dejar de esperar que todo vuelva a ser como antes. Incluso tú

La esperanza es lo último que se pierde, es verdad. En algunos casos, nos da la fuerza necesaria para continuar y conseguir nuestros objetivos; pero, en otros, nos encadena y hace que nuestro proceso de adaptación al cambio se complique. Hablo de **ese tipo de esperanza que funciona como resistencia**. Esa a la que nos aferramos porque creemos que la única manera de sentirnos bien es que todo vuelva a ser como antes: que la persona regrese, que el diagnóstico desaparezca, que nos readmitan o devuelvan el puesto de trabajo… o incluso que nosotras mismas volvamos a ser como antes: con la misma alegría, la misma fuerza. No obstante, los cambios que vivimos también nos afectan y nos transforman.

Dejarla ir duele. **Es un segundo duelo:** no solo lloras lo que ya no está, sino que también entierras la ilusión de que pueda regresar. **En los procesos de adaptación, perder la última esperanza es lo que libera.**

Recuerdo a Carmen, cuyo padre murió de forma repentina. Se pasó meses diciéndome: «Sigo esperando que suene el teléfono y me diga que está bien, que ha llegado de hacer la compra y que va a quedar con su amigo para echar una partida de dominó». Vivía con la misma esperanza que una madre cuyo hijo ha ido a la guerra y se pasa los días mirando fijamente la puerta, convencida de que en cualquier momento se abrirá y regresará vivo.

Durante el proceso de terapia, le pedí a Carmen que escribiera una carta a corazón abierto, con todo lo que le había quedado por decir: lo bueno, lo malo, lo regular, lo que le agradecía y lo que le reprochaba, si había algo. En la siguiente sesión, llegó con la carta y la leyó usando el ejercicio de la silla vacía, simulando un encuentro con quien ya no podía estar presente. La última frase de aquella carta se me quedó grabada: «Papá, te quiero y te dejo ir, pero no me voy contigo».

Al finalizar la sesión, cuando le pregunté qué se llevaba consigo, me dijo: liberación. **Dejar ir fue su modo de aceptar la realidad.** Hubo muchas lágrimas que expresaron lo doloroso que resultaba, pero también agradecimiento y alivio. Carmen entendió que nada iba a volver a ser como antes y, aun así, podía seguir.

Los procesos de adaptación al cambio, los duelos, son caminos complejos en los que a veces vivimos contradicciones. El **mode-**

lo de doble proceso, propuesto por Stroebe y Schut, nos ayuda a entenderlo. Sería parecido a danzar entre dos estados:

Como he mencionado a lo largo del libro, **adaptarse no es lineal ni cómodo**. Es un vals entre la tristeza y la aceptación. Un estudio de Bonanno y Burton muestra que quienes mejor se adaptan a situaciones traumáticas no son los que siempre enfrentan el dolor ni los que lo evitan, sino quienes saben alternar entre ambos, adaptando sus pasos de baile a la música de la vida.

Por ejemplo, Carmen nota un disparador (orientación a la pérdida) durante el fin de semana, momento que solían compartir. Salir a dar un paseo la ayuda, le aporta energía y bienestar (orientación hacia la restauración). Ambos aspectos son necesarios y forman parte del proceso.

Quedarse atrapada en la esperanza rígida de que todo vuelva a ser como antes, incluso tú misma, te sumerge en la desesperanza. Pretender eso es como pretender bailar siguiendo solo ciertas notas, sin seguir el ritmo completo que la vida está pinchando ahora: agotador y poco efectivo. No permitirte levantarte es como correr con una bola de preso atada a la pierna: agotador y poco efectivo.

La ciencia que respalda este modelo nos recuerda que no hay una única forma correcta de gestionar el dolor. A veces necesitas hacerte bola, dejar que te atraviese la ola de tristeza, llorar o enfadarte. Otras, tomar distancia, distraerte, cambiar la perspectiva o dedicarte a actividades que te reconecten con el sentido y con la alegría que aún existe en tu vida (que puede ser solo un atisbo, pero resulta suficiente).

Mantener la esperanza fija en un pasado que ya no existe es como intentar surfear una ola que ya pasó.

....

En busca del sentido: cómo pasar de «¿Por qué a mí?» a «Para qué a mí?»

Cuando Inés murió, pasé cerca de dos meses enrocada en el porqué. Fue difícil encontrar ayuda especializada, y mi familia era mi sostén. Mi padre me sugirió leer *La bailarina de Auschwitz*, de Edith Eger. En aquel momento, cualquier clavo ardiendo me habría servido para encontrar un poco de descanso en la vorágine en la que me había sumido la muerte de mi hija, así que accedí.

Edith Eger me enseñó otra manera de mirar el dolor. Su historia de supervivencia a uno de los horrores más atroces de la humanidad encarna la frase de Epicteto: «No puedes elegir lo que te sucede, pero sí qué haces con ello». Descubrió que la pregunta que libera no es «¿Por qué a mí?», sino «¿Para qué a mí?».

Parte de la aceptación consiste en dar sentido a lo ocurrido. Tras leer a Edith y comprobar la falta de recursos para familias en mi situación, creé un grupo de ayuda mutua, un espacio donde madres y padres que habían perdido un bebé pudieran expresarse, apoyarse y compartir soluciones. La iniciativa creció hasta convertirse en una asociación sin ánimo de lucro a nivel autonómico.

No cambié la realidad de la muerte, pero sí transformé mi dolor en acción, solidaridad y apoyo.

El sentido no vino de un destino romántico, sino de la capacidad humana de crear algo valioso a partir de lo vivido.

Así como yo encontré una manera de transformar mi dolor en acción y apoyo a otras personas, **cada una de nosotras enfrenta sus heridas a su manera y ritmo**. No todas las experiencias se resignifican, ni todo sufrimiento encuentra rápidamente un sentido. Aun así, hay momentos en los que la desesperanza pesa tanto que puede llegar a sentirse que la única salida es desaparecer. No porque se quiera morir, sino porque no se alcanza a ver otra forma de dejar de sufrir.

Jaime aprendió demasiado pronto que la vida podía ser dura.

Creció con padres que eran adictos y desde niño entendió que tendría que cuidarse solo. Su abuela lo acogió y le enseñó a sobrevivir, pero, cuando ella murió, se quedó sin su principal sostén. La vida se volvió una rutina vacía, sin referencias ni apoyo. En uno de esos momentos de dolor extremo, su mente empezó a funcionar con lo que la psicología llama **visión en túnel**: solo percibía una salida, dejar de vivir, y esta era inmediata y única. No era capaz de notar alternativas o apoyos porque su mente estaba bloqueada por el estrés y la desesperanza, haciendo que se centrase solo en cómo detener ese dolor tan insoportable, y que todo lo demás desapareciera de su campo de visión. No era deseo de morir, sino deseo de que el dolor parase.

En ese momento de agotamiento extremo, Jaime tomó una decisión peligrosa. No fue un deseo de morir, sino una expresión del límite al que había llegado. Poco después, algo en él —una intuición mínima de cuidado— le permitió pedir ayuda, y la asistencia llegó a tiempo. Ese gesto no resolvió su vida, pero marcó un punto importante: reconocer que **no podía sostenerlo todo solo**.

El sentido no apareció de inmediato. No fue una revelación ni una respuesta tranquilizadora. Con el tiempo, y acompañado, empezó a formular otra pregunta distinta al reproche del «¿Por qué a mí?». No como obligación ni como consigna positiva, sino como una búsqueda posible: «¿Para qué a mí?». En su caso, esa pregunta abrió un proceso lento de resignificación, en el que la soledad y el vacío pudieron transformarse —no sin esfuerzo— en aprendizaje, una mayor consciencia y una forma más compasiva de estar con otros.

Encontrar un sentido a lo vivido no elimina el dolor ni lo justifica. Tampoco es una meta que deba alcanzarse. Pero, cuando aparece, puede ofrecer una dirección provisional, un para qué al que agarrarse cuando todo está oscuro y una se siente perdida. Y cuando no aparece, pedir ayuda y sostener el día a día ya es, en sí mismo, una forma válida y valiente de elegir seguir viviendo.

Encontrarle un sentido a lo ocurrido no elimina el dolor, pero sí le da una dirección que puede sostenernos cuando todo está oscuro y nos sentimos perdidas.

La psicología contemporánea también ha demostrado que, en ciertos casos, **del sufrimiento puede surgir transformación**, como le ocurrió a Jaime. No se trata de justificar lo ocurrido ni de encontrar una lección, sino de reconocer que, cuando el dolor se integra, pueden abrirse caminos que antes no existían.

Los psicólogos Tedeschi y Calhoun llamaron a esto **crecimiento postraumático**: cambios positivos que surgen tras enfrentar experiencias profundamente estresantes. Esto no significa que el dolor desaparezca ni que uno supere el cambio de golpe. Requiere tiempo, apoyo y disposición a mirar hacia dentro sin forzar el sentido. **En estos casos, se manifiesta en gestos concretos:** alguien que acompaña a personas que están atravesando lo mismo, reorienta su vocación o descubre una manera más compasiva de estar en el mundo.

En consulta veo gente que, tras una ruptura, un duelo o un cambio inesperado, **usa esa herida como punto de partida para redefinir su vida**. El crecimiento postraumático no hace bonito el sufrimiento, pero puede darle sentido y valor. No justifica lo ocurrido, pero demuestra que, aunque haya oscuridad, podemos encender la luz.

Pasar de «¿Por qué a mí?» a «¿Para qué a mí?» no es negar el sufrimiento ni apresurarse a superarlo. **Es abrir un espacio donde el dolor se convierte en algo útil y el relato personal se reescribe con una mirada que integra la experiencia** como parte de un camino más amplio, que es tu vida.

No hace falta crear una asociación o liderar un movimiento para encontrar ese «para qué». Hay otras acciones que, aunque consideremos de menor impacto, transforman nuestra vida y nos ayudan a ponernos en pie de nuevo. Puede ser permitirte llorar, contactar con personas que han pasado por la misma experiencia o parecida, pedir que te hagan la compra, escribir tus pensamientos o crear una rutina de higiene, ejercicio y buenos hábitos de alimentación y sueño. Esos pasos, aunque te parezcan insignificantes, son fundamentales para dar a tu cuerpo lo que necesita, reconstruir tu mundo interior y proporcionarle un nuevo significado a tu historia. **Porque la verdadera transformación comienza en lo íntimo, en lo cotidiano, y en elegir seguir adelante, incluso cuando todo parece haberse derrumbado o se derrumba literalmente.**

Muchas personas llegan a mi consulta porque el proceso de adaptarse a un cambio (una ruptura, una muerte, un despido, lo que sea) se les ha atascado. Se sienten bloqueadas porque se quedan atrapadas en la primera pregunta: «¿Por qué?». Esperan una respuesta definitiva que, en la mayoría de los casos, nunca aparece. En esos momentos, el trabajo que hacemos es acompañarlas a descubrir su propio «para qué». Reconectar con los valores que ya estaban ahí —o encontrar otros nuevos— les permite recuperar esa brújula interna que proporciona dirección, sentido de agencia y la sensación de volver a ser autoras de su vida. **Pero... ¿qué es exactamente un valor?**

Un **valor**, según las teorías de Hayes y Harris, no es una meta que se marca y se cumple como un objetivo; es más bien **una dirección en la vida**, un principio que orienta nuestras decisiones y nuestra forma de estar en el mundo, incluso cuando nos sentimos perdidas o enfrentamos dolor.

Imagina a Ana, que siempre ha valorado la **amistad auténtica**. Después de mudarse a otra ciudad, siente miedo de acercarse a nuevas personas porque teme que la rechacen. Su valor de amistad auténtica no le dice «tienes que hacer cien amigos mañana», pero sí que le da **una brújula interna**: cuando decide invitar a alguien a tomar un café o simplemente escuchar con atención, está actuando según su valor. Incluso si siente ansiedad o inseguridad, **sus acciones están alineadas con lo que para ella es importante**, y eso le da sentido y fuerza para seguir adelante.

En palabras sencillas: los valores son el «para qué» que guía el «qué» que hacemos. Son como la **brújula interna** que llevamos en el pecho: nos señalan el camino y orientan cada paso, ayudándonos a sostenernos y a tomar decisiones con coherencia, aunque el camino sea difícil o doloroso.

¿Por qué una brújula y no un mapa? Porque en la vida, sobre todo tras un cambio o pérdida, no siempre existe un plano que te diga exactamente qué camino seguir. Los mapas ofrecen rutas definidas (por otras personas, que no tienen por qué servirnos a nosotras), pero a menudo el terreno es incierto, cambiante o desconocido. En cambio, una brújula no te indica tu ubicación precisa ni el camino exacto, sino que señala la dirección hacia donde quieres ir. Eso es lo que realmente importa cuando el camino no está claro, porque te permite avanzar con propósito, adaptarte y encontrar tu propio rumbo, incluso en la incertidumbre.

Un ejercicio especialmente útil para empezar a conectar con esa brújula interna es la clarificación de valores, un pilar fundamental en la terapia de aceptación y compromiso. Suelo proponer en consulta uno que menciona Steven Hayes en *Sal de tu mente, entra en tu vida*: imaginar el discurso que te gustaría escuchar en tu funeral, lo que las personas que quieres dirían sobre ti, sobre tu vida y sobre cómo la viviste.

Pero a veces ese ejercicio activa juicios, miedos o pensamientos incómodos sobre lo que creemos que los demás piensan de nosotros. Si te pasa, te propongo una alternativa de cosecha propia: imagínate que ya eres anciana y que alguien a quien quieres —un nieto, una sobrina o la persona que te cuida— va a entrevistarte para escribir tu biografía.

EJERCICIO

La entrevista de tu vida: ¿qué te hace especial como persona?

Tómate un momento para reflexionar: ¿qué cualidades te gustaría que resaltaran o resaltar a ti? ¿Qué actos de amor, coraje o bondad querrías que recordaran o recordarías? ¿Qué legado personal deseas dejar? Escribe sin filtros todo lo que te venga a la mente, lo que te hace especial, tus cualidades personales (la honestidad, la valentía, la compasión) y los actos o roles que has desempeñado en los que se han traducido. Luego ponlas en frases o relatos que te gustaría que apareciesen escritos en esa biografía.

Esto te ayudará a conectar con todo lo que es importante para ti. A poner en claro esos valores esenciales, que son tu pilar.

Por último, haz un listado de esos valores que conforman tu brújula interna. Si en algún momento descubres alguno nuevo, puedes añadirlo a esa lista.

Este ejercicio ayuda a trasladar la atención del «¿Por qué me pasó esto?» al «¿Para qué viviré a partir de ahora?», te conecta con tus valores más profundos y te empodera para avanzar, paso a paso, hacia una vida con sentido. Como puedes comprobar, esta propuesta no elimina el dolor ni las dificultades, pero sí te ayuda a cambiar el foco y recuperar el poder de decidir cómo quieres vivir a partir de ahora.

Lo que puedes elegir y lo que no cuando atraviesas un cambio

En cualquier proceso de cambio que vivimos, se pone a prueba una verdad incómoda: **no todo está bajo nuestro control**. Por más que intentemos anticiparnos o planificar, siempre habrá elementos que dependan de factores externos, de decisiones de otras personas o, simplemente, del azar. La psicología de la aceptación y el compromiso (ACT) y teorías clásicas como la del locus de control de Rotter coinciden en que

distinguir entre lo que está y no está en nuestras manos es fundamental para reducir la cantidad de sufrimiento innecesario y gratuito. No obstante, a veces no es tan fácil reconocer esos límites, y tampoco inmediato. Cuando las circunstancias adversas son repetitivas y nos sentimos atrapados, puede desarrollarse un fenómeno psicológico llamado **indefensión aprendida**. Este ocurre cuando, tras experimentar que nuestras acciones no modifican el entorno, aprendemos a dejar de intentarlo, incluso cuando existe posibilidad de cambio.

Un ejemplo claro lo encontramos en el caso de Sara, que durante años aguantó una relación de pareja en la que los intentos por expresar sus necesidades le devolvían rechazo y castigo emocional con la ley del hielo (táctica de manipulación emocional en la que una persona te ignora o te evita deliberadamente, negándose a comunicarse o incluso a reconocer tu presencia). Tras múltiples intentos fallidos, Sara aprendió que no valía la pena intentarlo.

Cuando la relación terminó, ella siguió paralizada, sin tomar iniciativas en otros ámbitos, porque su cerebro había internalizado que nada estaba en sus manos. Su aprendizaje en esta situación le hizo creer que no se podía defender, que había hecho algo mal, que no podía hacer nada por cambiar las cosas. La indefensión aprendida la mantenía atrapada en un estado pasivo.

En terapia, acompañé a Sara a experimentar pequeñas acciones con resultados positivos, de manera que su sistema nervioso pudiera reaprender que existían cosas que estaban en sus manos, que podía levantarse y tomar decisiones, que ella era la protagonista de su vida. Este proceso requiere darle espacio a la experiencia directa y vivencial, porque a través de ella las creencias rígidas se transforman y se fomenta lo que Maier y Seligman llaman **esperanza activa**, que no es un deseo pasivo, sino la sensación de que actuar puede generar cambios reales en el propio entorno y en una misma.

Como vengo diciendo, aceptar no va de resignarse, sino de practicar lo que la doctora Susan David llama **agilidad emocional**: reconocer la realidad tal como es, sin negar lo doloroso, y desde ahí elegir conscientemente la respuesta que más se alinee con nuestros recursos y valores.

Podríamos imaginarlo como estar en un barco en medio de una tormenta; no puedes controlar la fuerza del viento ni la altura de las olas, pero sí decidir cómo orientar las velas, cuándo recogerlas y cómo sujetar el timón para no naufragar. La tormenta sigue ahí, pero tu capacidad de maniobra marcará la diferencia entre dejar que te arrastre o traspasarla para luego continuar tu camino.

Chelo llegó a consulta meses después de que la empresa en la que llevaba varias décadas trabajando se fuese al traste. «Me quitaron mi vida», repetía, con una mezcla de rabia, tristeza e impotencia. Pasó semanas intentando contactar con antiguos compañeros de trabajo, buscar culpables, imaginar escenarios en los que aquello no hubiera pasado. Todo su tiempo y energía se consumían en una batalla imposible: cambiar algo que ya había ocurrido.

Cuando trabajamos en identificar lo que sí estaba bajo su control, algo cambió. Descubrió que podía aprovechar parte de su indemnización para hacer un curso que llevaba años postergando, que podía retomar antiguos contactos, echar redes para buscar un nuevo empleo y organizarse para incluir una hora de actividad física a diario con el fin de aumentar sus niveles de energía. La empresa seguía cerrada, pero ella dejó de sentir que había cerrado con ella.

Muchas personas llegan a mí agotadas por haber invertido gran parte de su energía en intentar cambiar lo que no está bajo su control. Cuando comenzamos a trabajar, una de las primeras tareas es reorientar ese esfuerzo hacia lo que sí depende de ellas, aunque sean acciones consideradas pequeñas.

Porque, cuando son ellas las que deciden, las que eligen, hacer una llamada, marcar un límite, escribir lo que sienten o salir a caminar, es cierto que no cambian el hecho externo, pero sí transforman su experiencia interna y la percepción de su capacidad de seguir adelante.

Un camino de mil pasos siempre
comienza con el primero.

A continuación, encontrarás un ejercicio para explorar lo que está en tu mano y lo que no.

EJERCICIO

El doble listado

1. Dibuja una línea vertical dividiendo la hoja en dos columnas.

2. En la izquierda, escribe todo lo que no puedes controlar en las diversas áreas de tu vida (familia, trabajo, aficiones, cuidado de tu cuerpo, pareja, voluntariado, espiritualidad, amistades...).

3. En la derecha, lo que sí puedes elegir o actuar, dadas las circunstancias.

4. Escoge una situación de la columna derecha y piensa en una acción que puedas poner en práctica (a lo mejor el momento puede ser hoy mismo).

Este ejercicio es sencillo, pero potente, y junto con el de clarificación de valores sirve para recordarte que la tormenta no anula tu capacidad de maniobra, **simplemente te propone empezar a actuar de otra forma.**

Cuando te sientas perdida, abrumada o fuera de control, recuerda:

- **No tienes que abrazar lo que sucedió**, ni el dolor ni las emociones incómodas que te produce. **Solo sostenerlo.**
- **Sostener el dolor no te rompe, te humaniza y te ayuda a procesarlo**, del mismo modo que aplicar curas a una herida hace que se convierta en cicatriz.
- **La aceptación es el arte de soltar** la ilusión del control y estar dispuesta a aceptar que la realidad es como es.
- **Matar la esperanza no es perder fe**, es dejar de esperar que todo vuelva a ser como antes.
- **Hay libertad incluso en lo que no elegiste, cuando eliges cómo seguir.**

7

RECOLOCAR LO QUE FUE EN EL AHORA

Dar un lugar a lo que se fue y sostener el lazo (o no) mientras aprendes a vivir de nuevo

Cuando Carmen decidió soltar la esperanza de ver a su padre cruzar la puerta, lo hizo leyendo en voz alta la carta que había escrito para él. Al terminar, me miró con los ojos llenos de lágrimas y preguntó:

—¿Esto es una despedida para siempre?

—No —le respondí—. Es una despedida de este momento. Tu padre sigue siendo tu padre, y tú, su hija, esté donde esté. La muerte no rompe el vínculo; lo transforma. Ahora toca aprender a relacionarte con él desde el amor y la gratitud que te habitan y que él te dejó como legado.

Lo que Carmen estaba viviendo también tiene un lugar en la investigación psicológica. La psicología del duelo ha estudiado este proceso en profundidad. El experto en el campo del duelo y la pérdida William Worden, en su modelo de las cuatro tareas del duelo, explica que duelar implica cuatro movimientos internos: aceptar la realidad, procesar el dolor, adaptarse a un mundo sin la persona o situación perdida y, por último, encontrar una forma de mantener un vínculo significativo con lo que ya no es mientras reinvertimos la energía emocional en nuevas personas, actividades o metas. Las tres primeras tareas ya las hemos recorrido en este libro. En este capítulo nos detenemos en la última: **cómo seguir vinculados a lo que ya no está sin quedarnos atrapados en el pasado**. No se trata de olvidar, borrar o reemplazar, sino de recolocar emocionalmente lo perdido y encontrar un lugar desde el que seguir viviendo.

> **El trabajo se centra en la transformación del vínculo para que las personas puedan convivir con la realidad actual y la vida que es ahora.**

En esta misma línea, el modelo de Klass, Silverman y Nickman plantea que **muchas personas no cierran el capítulo, sino que desarrollan una relación interna y simbólica con quien —o aquello que— ya no está**. Ese vínculo puede expresarse en conversaciones internas, rituales, objetos significativos o decisiones que tomamos según los consejos que esa persona nos habría dado. La investigación muestra que cuando este lazo es flexible y no interfiere en la vida cotidiana, puede convertirse en un recurso protector.

Ahora bien, no todos los vínculos se transforman con la misma facilidad. **Hay momentos en los que sí necesitamos cerrar un capítulo.** En una ruptura afectiva, una amistad que terminó o cualquier situación en la que la otra persona sigue viva, el proceso puede ser más complejo: no se trata solo de aceptar una ausencia, sino la idea de que esa persona continúa existiendo, solo que ya no tiene el mismo papel en nuestra historia.

No siempre hablamos de alguien. A veces lo que duele es algo: un proyecto que no salió, una etapa que terminó, una ilusión que ya no encaja o incluso una versión de nosotras mismas que dejamos atrás. En todos esos casos, el trabajo interno es similar: recolocar lo que ha sido sin borrarlo, darle un lugar distinto en nuestra memoria y en nuestro presente.

Es un tipo de duelo relacional —con otras o con nosotras mismas— que nos obliga a recolocar sin la seguridad de lo definitivo. Porque a veces la muerte trae la certeza de que no habrá reencuentro y otras el tiempo nos recuerda que no podemos volver atrás: ni a lo que fue ni a quienes fuimos.

Cuando algo cambia —inesperadamente o incluso a sabiendas de que iba a ocurrir, pero no de la forma que imaginábamos— es como si estuviéramos siguiendo el índice de nuestra historia y, de pronto, una página quedara en blanco. Donde antes se nos prometían escenas llenas de vida —diálogos, paisajes, gestos, olores que daban sentido a la trama—, ahora solo encontramos un silencio extraño, una ausencia que desconcierta. La mente, guionista incansable, intenta restaurar el texto perdido: reconstruye párrafos, rescata palabras, intenta sostener el tono y la voz que había. Pero esa página ya no puede escribirse igual.

El espacio sigue ahí, pero el guion ha cambiado y toca reescribir para poder continuar con la historia de nuestra vida.

Entonces surge la pregunta inevitable: **¿qué significa recolocar?** No hablo de tachar o arrancar páginas, ni de fingir que no pasó nada. Recolocar es **dar a lo que fue un lugar nuevo en nuestro interior**: como un acto cerrado, una nota al pie que nos acompaña o una dedicatoria silenciosa. Así, sigue formando parte de nuestra historia, pero sin impedirnos abrir nuevos capítulos y escribir lo que tiene sentido hoy.

La terapia de aceptación y compromiso nos recuerda que **en el guion de la vida conviven actos luminosos y otros llenos de nostalgia**. La clave es entender que todos forman parte del mismo relato. Aceptarlo nos permite movernos con libertad, vivir a pesar de los capítulos que no elegimos, sin dejar de escribir por no sostener siempre nosotras la pluma.

Sea cual sea el cambio, la tarea es la misma: encontrar un nuevo lugar para lo que fue dentro de la historia de tu vida. Ese es el propósito de este capítulo.

Acompañarte a crear un hueco donde lo que ya no es pueda seguir teniendo un lugar, pero sin que te impida abrir puertas, sembrar semillas o permitir que florezcan otras áreas.

Para que, **pese a la ausencia y a los giros inesperados de la vida, sigas escribiendo el guion**.

Si ya no está como antes, ¿dónde lo pongo ahora?

Imagina volver a casa tras un viaje y entrar en una habitación que estaba llena de fotos, objetos queridos, voces que llenaban el aire y... encontrarla revuelta, con todo tirado en el suelo. El instinto te lleva a buscar los motivos de esa transformación, piensas que la solución es devolverlo todo a su lugar, pero al intentarlo te invade la frustración: ya no encaja. Entonces te sientas y **decides conscientemente qué conservar y dónde colocarlo, y qué hacer con lo que ya no cabe en esa habitación**.

Esto sucede cuando limpias el armario de una persona fallecida, cuando haces una caja con las cosas de tu expareja tras la ruptura, cuando dejas un trabajo y debes limpiar la mesa, cuando tus criaturas crecen, tu cuerpo cambia o tu grupo de amigas y creencias se reajustan para permitirte vivir una nueva realidad.

Recolocamos cosas literalmente, pero también emocionalmente.

En un taller de duelo conocí a Enrique, un hombre de mediana edad, voz grave y pausada y manos grandes entrelazadas como si sostuviera algo frágil. Su mejor amigo de la infancia, Álvaro, había muerto. Con él había compartido tardes de fútbol, ríos y ranas, noches de confidencias y silencios en los que no hacía falta decir nada. Era la única persona con la que había podido ser plenamente él mismo.

—No puedo seguir adelante si lo dejo ir —dijo, con la voz y el labio temblando—. Pero sentirlo presente me duele y me frena.

Le pedí que cerrara los ojos e imaginara que en su memoria había una biblioteca: la de su corazón. En una mesa reposaba un libro muy especial: la historia de su amistad con Álvaro. Estaba abierto y siempre había una página por escribir.

—Ahora —le dije—, imagina que puedes poner ese libro en una estantería especial. Ya no estará siempre abierto ni habrá nuevas aventuras que escribir, pero sigue ahí: puedes releerlo, ojearlo, subrayarlo cuando quieras. Mientras tanto, comienzas un nuevo libro. Un tomo donde Álvaro aparece en forma de recuerdo, ofreciendo consejos para tu día a día. Él no está como antes, pero no ha desaparecido de tu vida.

Enrique se tomó un momento y esbozó una sonrisa:

—Creo que eso puede funcionar. Sí, creo que puedo hacerlo.

La visualización le ofreció una posibilidad que no había considerado: **no es contigo o sin ti, sino contigo de otra manera**. No se trata de olvidar ni de pasar página, sino de darle un nuevo lugar a Álvaro en su vida.

Siguiendo el modelo de Klass, Silverman y Nickman, mantener un lazo transformado con lo perdido puede ser positivo. Este enfoque no se limita al duelo por la muerte; también se aplica a otros tipos de pérdidas: una relación que cambió, un proyecto que terminó o una versión de nosotras mismas que ya no encaja en el presente.

A diferencia de la creencia tradicional de que superar un duelo implica cortar todo lazo, este modelo plantea que **recolocar emocionalmente no significa soltar del todo, sino dar un nuevo lugar a esa relación o experiencia** que sigue teniendo significado o que lo tuvo en su momento, considerando la realidad y el contexto actual.

Una revisión sistemática reciente, a cargo de Hewson, descubrió que **mantener un vínculo continuado con lo que ya no está puede favorecer la adaptación al duelo**. En muchos casos ayuda a dar sentido a lo ausente, a reconstruir la identidad y, a veces, a sostener o profundizar creencias espirituales.

Sin embargo, hay un pero: este proceso solo es saludable si no se convierte en evitación, en no mirar de frente lo ocurrido. Recolocar es sanador cuando permite seguir viviendo, no cuando paraliza y te deja atrapada en el laberinto del pasado.

¿Cómo saber si estamos evitando y estancándonos en el proceso de aceptación?

Aceptar un cambio profundo —una ausencia, un final de etapa, una transformación inesperada— no significa olvidarlo ni pasar página de golpe. Como vimos en el capítulo anterior, el proceso oscila entre momentos dedicados a elaborar el dolor y otros centrados en aprender a vivir la realidad que surge después del cambio. Sin embargo, **a veces quedamos atrapadas en un limbo: ni integramos ni soltamos**. Es entonces cuando hablamos de **estrategias de evitación o de duelo prolongado**, que, según ha comprobado la ciencia, pueden impedir que nuestra vida avance.

Algunas **señales frecuentes** que, según la evidencia, indican que podemos estar en ese **estancamiento** son:

> • **Evitación de recuerdos o símbolos del cambio.** Sentir la necesidad constante de alejarse de objetos, lugares o conversaciones que evocan la pérdida puede aliviar momentánea-

mente, pero a largo plazo bloquea la integración emocional. La evidencia muestra que esta evitación está relacionada con mayor malestar psicológico tras pérdidas violentas o duelo prolongado (Boelen, De Keijser y Smid, 2015; Smith *et al.*, 2023).

· **Rumiación repetitiva sin elaboración.** Pensamientos que vuelven una y otra vez sobre lo ocurrido, sin generar nuevas comprensiones ni acciones, crean un bucle mental que desgasta. Esta rumiación está vinculada con la evitación de enfrentar la pérdida y prolonga el sufrimiento (Eisma et al., 2014).

· **Conductas contradictorias de acercamiento y evitación.** Buscar constantemente la conexión con lo perdido (por ejemplo, revisando fotos o mensajes) mientras se evitan situaciones que obligan a aceptar la ausencia refleja un patrón común en el duelo prolongado. Muchas personas se aferran a recuerdos, pero evitan la realidad de la pérdida, lo que dificulta la adaptación (Eisma y Lenferink, 2023).

· **Evitación experiencial.** Hacer todo lo posible por no sentir el dolor, suprimir emociones o distraerse compulsivamente suele intensificar el malestar y retrasar la adaptación. Evitar enfrentarse a las emociones o anticipar excesivamente lo negativo reduce la capacidad de generar experiencias internas positivas y aumenta la rigidez emocional (Morina *et al.*, 2011). Permitir la experiencia emocional, en cambio, puede favorecer la adaptación (Shallcross *et al.*, 2013).

· **Dolor emocional persistente.** Meses después, la tristeza o la ira pueden seguir siendo tan intensas —o incluso más— que al inicio, sin momentos significativos de alivio. Según el DSM-5 (American Psychiatric Association, 2022), esta persistencia es un indicador clave de duelo prolongado y requiere atención especializada.

· **Deterioro en la vida cotidiana.** Suprimir emociones dolorosas afecta a la concentración, a la toma de decisiones y al disfrute de actividades antes placenteras. La evidencia muestra que la supresión emocional reduce la memoria operativa y la velocidad de procesamiento, agota recursos mentales y dificulta las tareas diarias (Gross, 2002; Figueira, 2017).

Poner atención en estas señales tiene el fin de que entiendas que tal vez necesitas un cambio de estrategia para poder sanar. Una pregunta útil es: ¿estoy viviendo mi vida o siento que estoy en modo pausa?

EJERCICIO

¿Estoy recolocando o evitando?

El objetivo de este cuestionario de autoobservación está inspirado en los criterios del DSM-5-TR y los estudios de Boelen, Eisma y Smith. Su propósito no es diagnosticar ni evaluar clínicamente, sino ayudarte a **tomar consciencia** de cómo estás viviendo un cambio o una ausencia y reflexionar sobre tus estrategias de afrontamiento.

Busca un lugar tranquilo, responde con honestidad y recuerda: no hay respuestas correctas ni incorrectas, solo información para conocerte mejor y acompañarte en tu proceso.

Parte 1 – Reconocer la evitación

1. Cuando pienso en lo que he perdido o en el cambio que viví, suelo distraerme rápidamente para no sentir incomodidad.

   ☐ Nunca ☐ A veces ☐ Con frecuencia ☐ Casi siempre

2. Hay objetos, lugares o conversaciones que evito para no sentir dolor.

   ☐ Nunca ☐ A veces ☐ Con frecuencia ☐ Casi siempre

3. Paso largos ratos recordando lo ocurrido sin llegar a una conclusión nueva, repitiendo las mismas imágenes o frases en mi cabeza.

   ☐ Nunca ☐ A veces ☐ Con frecuencia ☐ Casi siempre

4. Alterno entre buscar constantemente recuerdos o contacto simbólico con lo que perdí y evitar todo lo que me lo recuerde.

   ☐ Nunca ☐ A veces ☐ Con frecuencia ☐ Casi siempre

Parte 2 – Observar el impacto en mi vida

5. La intensidad de mi dolor o malestar es prácticamente igual o mayor que al inicio.

   ☐ Nunca ☐ A veces ☐ Con frecuencia ☐ Casi siempre

6. Me cuesta concentrarme, tomar decisiones o disfrutar de las cosas que antes me proporcionaban placer.

   ☐ Nunca ☐ A veces ☐ Con frecuencia ☐ Casi siempre

7. Siento que mi vida se detuvo en el momento de la pérdida o el cambio.

☐ Nunca ☐ A veces ☐ Con frecuencia ☐ Casi siempre

Parte 3 – Mirar hacia la integración

8. Puedo recordar lo que perdí con tristeza, pero también con gratitud o calma en algunos momentos.

☐ Nunca ☐ A veces ☐ Con frecuencia ☐ Casi siempre

9. Me permito sentir el dolor cuando llega, pero no dejo que dirija todas mis decisiones.

☐ Nunca ☐ A veces ☐ Con frecuencia ☐ Casi siempre

10. Estoy encontrando maneras de darle un nuevo lugar en mi vida a lo que perdí (rituales, recuerdos, conversaciones internas).

☐ Nunca ☐ A veces ☐ Con frecuencia ☐ Casi siempre

Interpretación orientativa del cuestionario

- **Tendencia a la evitación:** Si observas que en las preguntas 1-7 predomina «Con frecuencia» o «Casi siempre», podrías estar evitando algunas emociones o recuerdos que necesitan atención. Evitar el dolor puede dificultar recolocar emocionalmente lo perdido y avanzar en tu proceso.

- **Movimiento hacia la integración:** Si en las preguntas 8-10 predominan las respuestas afirmativas, estás encontrando formas de dar un nuevo lugar a lo que perdiste. Permitirte sentir el dolor, integrar recuerdos y abrir espacio a lo nuevo son señales de adaptación y crecimiento.

- **Zona de transición:** Si tus respuestas muestran mezcla entre evitación y apertura, no estás completamente atrapada en la evitación, pero algunas estrategias requieren atención consciente. Esta zona de transición es normal: algunas formas de afrontamiento funcionan mejor que otras y la flexibilidad es clave.

Recuerda: No existen las respuestas perfectas. Duelo y cambios se viven en un continuo; pueden coexistir la evitación, la integración y la transición. Este ejercicio pretende ayudarte a **tomar consciencia** de cómo gestionas las pérdidas y a avanzar de manera saludable.

Si la evitación es muy frecuente o te resulta difícil afrontar el dolor, **considera solicitar apoyo psicológico**. A veces no podemos solas, y pedir ayuda es válido y constructivo.

EJERCICIO

La estantería del corazón

Si no te sientes atascada o al leer este capítulo algo ha hecho clic, quiero proponerte este ejercicio de visualización que te ayudará a recolocar y a resignificar un vínculo.

Busca un lugar tranquilo y cómodo. Cierra los ojos y respira hondo. Imagina que dentro de ti existe una gran biblioteca: la biblioteca de tu corazón. Allí están todos los libros de tu vida: aprendizajes, amistades, amores y pérdidas.

Caminas entre las estanterías y, de pronto, ves una mesa. Encima hay un libro muy especial: el tomo de tu historia con esa persona o aquello que has perdido. Miras sus páginas, están llenas de recuerdos que te conmueven, te alegran o te entristecen.

Con cuidado, tomas el libro entre tus manos. No para olvidarlo, sino para protegerlo. Siente su cubierta, su peso, su textura, su olor. Llévalo a una estantería especial, de la que sabes que podrás ir a recuperarlo cuando lo necesites.

Al dar un paso atrás, ves otra mesa vacía. Sobre ella hay hojas en blanco que esperan ser escritas. No para reemplazar lo vivido, sino para continuar tu historia con la certeza de que ese vínculo sigue vivo en otro formato: más silencioso, más íntimo, pero igualmente tuyo.

Si quieres, toma papel y colores y dibuja esa estantería. Pinta el libro que acabas de colocar, dale un título, decora el lomo, añade símbolos que lo representen. También puedes dibujar la mesa con el tomo de páginas en blanco, invitándote a escribir lo que está por llegar.

Otra opción es comprar una libreta que te guste o usar alguna que tengas en casa y empezar un diario. Dedica cinco minutos al día a escribir sobre lo que agradeces, lo que te pesa o te duele, lo que te alegra y te alivia. Este gesto que parece tan sencillo es un recordatorio profundo: **no se trata de soltar para olvidar, sino de recolocar para poder vivir.**

Disfrutar no es olvidar

En *La casa de Bernarda Alba*, de Federico García Lorca, la matriarca ordena con voz tajante: «¡Las lágrimas cuando estés sola!». No solo prohíbe el llanto en público, sino que marca un límite invisible: el dolor debe ocultarse, encerrarse en una habitación donde nadie lo vea. Aunque escrita hace casi un siglo, esa frase sigue resonando en la manera en que muchas culturas —y personas— viven el duelo.

Durante siglos, el luto se impuso como una condena visible: el negro perpetuo, la renuncia a la alegría, la abstinencia de fiestas y celebraciones. Hoy ya no vestimos de color oscuro durante años por mandato social, pero queda ese poso silencioso que susurra: **«Si has perdido, sufrirás para siempre. Si sonríes demasiado pronto, traicionas el amor o la memoria de lo que ya no está».**

Esa creencia limita profundamente los procesos de cambio y duelo, porque convierte el dolor en identidad y el luto en prisión. Nos hace creer que el sufrimiento continuo es prueba de amor, de implicación o de compromiso. Pero, en realidad, lo que más honra la vida —y la memoria— de lo ausente es volver a vivir desde la consciencia, en honor a o a pesar de lo que haya ocurrido.

Llevarlo a cabo no significa que no nos importe; todo lo contrario. Significa ser conscientes de la fragilidad de la vida y de su incertidumbre inherente.

Significa poner el foco en lo que sí tenemos o seguimos teniendo, algo que no todas las personas pueden hacer.

Aceptar y estar dispuestas a seguir viviendo no implica olvidar ni restar importancia, sino recolocar, como hemos visto. El amor o lo positivo de la experiencia, la ausencia o el cambio pueden convivir; la nostalgia por lo que fue y la alegría por lo que es y puede ser se pueden encontrar.

El duelo no es una condena perpetua: es un viaje que nos permite hallar un nuevo equilibrio sin traicionar lo que sentimos ni lo que significó aquello que ahora es diferente.

Esto es lo que aprendió Carolina, que echaba de menos a su madre. Había muerto de cáncer un par de años antes y, tras el torbellino inicial del duelo, se sentía estancada, como si la vida se hubiera congelado en la ausencia. Decidió acudir a terapia para volver a sentirse viva, aunque el peso de la falta seguía siendo enorme.

Meses de trabajo, de lágrimas y de poner palabras a lo callado dieron fruto. Llegó diciembre, otra Navidad sin ella. Carolina hasta entonces había evitado las reuniones familiares, y cualquier intento de celebración le parecía una traición al dolor. Pero algo cambió en ella en cuanto a afrontar esa Navidad. Me confesó, con voz entrecortada, que la cena era lo que más le costaba. «Ella siempre hacía pollo a la naranja», dijo con ternura y nostalgia. Ese plato simbolizaba hogar, familia, pertenencia. Sin su presencia, la mesa parecía incompleta.

Hablamos de la transformación del vínculo: no se trata de olvidar ni de soltar, sino de encontrar formas nuevas y amorosas de hacer presentes a quienes ya no están. Le propuse una tarea sencilla y profunda: pensar cómo podría traer a su madre de vuelta de manera simbólica en esas fechas tan significativas.

Carolina reflexionó, lloró y se permitió sentir la nostalgia sin huir. Y un día me dijo, con lágrimas suaves y decisión:

—Prepararé el pollo a la naranja.

Y eso hizo. Esa Nochebuena cocinó el plato que tantas veces había preparado su madre y lo compartió con sus hermanos y con su padre. Al probar el primer bocado, me contó que la sorprendió una sonrisa.

—La siento conmigo —dijo—. No como antes, pero está.

Para mí, esa frase es la esencia de hacer lo ausente presente sin que duela como una herida abierta.

No se trata de negar la falta, sino de darle un lugar distinto en nuestra vida. Un lugar que honre lo vivido, que mantenga viva la huella del amor y el legado de quien pasó por nuestra vida y que, al mismo tiempo, nos permita seguir adelante. Lo mismo vale para la pérdida de etapas, oportunidades, relaciones o sueños: podemos transformar el duelo en un espacio donde lo que fue y lo que es puedan coexistir, y desde allí seguir escribiendo nuestra historia.

La paradoja de las ausencias presentes: cómo elaborar el duelo cuando lo que muere es una relación

Una relación que se rompe mientras la otra persona sigue caminando por la misma ciudad, publicando fotos en redes o enviando mensajes, personales o no. Un despido o cambio de puesto en tu trabajo, mientras la empresa continúa su rutina diaria, solo que sin ti o contigo de otra manera. Cuando pasas por la calle de tu antigua casa tras una mudanza y ves que la ventana sigue iluminada, pero ya no eres tú quien la iluminó.

Ya hemos visto que hay pérdidas que no implican la muerte. La persona o lo vivido hasta ese momento no desaparece, pero la relación con ello sí. Así, **simbólicamente, lo que muere es el vínculo, el rol, la etapa**.

En muchos de estos casos no hay funeral, lápida ni rito que represente un cierre o que marque con claridad un antes y un después. Otras veces sí —una comida de jubilación, una despedida del trabajo—, pero eso no garantiza que el proceso interno sea más sencillo.

Sea como sea, el vacío y las emociones que acompañan a un cambio profundo pueden sentirse de la misma manera, aunque no exista un ritual visible que los sostenga o les dé forma.

Cuando alguien muere, por duro que sea, la realidad se impone con radicalidad: la ausencia física es definitiva. El cuerpo ya no está, la vida se detiene y, aunque duela hasta los huesos, hay un hecho inapelable que pone fin a la espera.

Ahora bien, este otro tipo de cambio y duelo nos enfrenta **a una paradoja difícil de sostener**.

Lo que amábamos, lo que nos daba identidad o seguridad, sigue existiendo en el mundo, pero ya no en nuestra vida, o no como antes. Y esa presencia se convierte en una especie de recordatorio constante de que lo que fue ya no es.

La psicoterapeuta estadounidense Pauline Boss lo llamó **pérdida ambigua**, un concepto muy útil en psicología del duelo. La ambigüedad dificulta el cierre porque da pie a que resulte más difícil matar la esperanza. Esa ansia de recuperar, la tentación de mirar atrás, la sensación de que aún hay algo pendiente.

Algunos ejemplos cotidianos de pérdidas sin muerte pueden ser:

- **Ruptura amorosa:** La persona con la que compartías todo —el amor, las rutinas, los sueños...— sigue ahí, pero ya no contigo.

- **Despido, cambio de puesto o jubilación:** La empresa continúa funcionando, los correos siguen llegando, pero tú ya no formas parte de esa maquinaria (o no del mismo modo). Tu identidad profesional pierde un anclaje y te pone en la tesitura de reinventarte.

- **Mudanza o migración:** El barrio sigue con su rutina, las tiendas, las personas que lo habitan, el bullicio de las calles llenas de vida, pero ahora eres un visitante en el lugar que solía ser tu hogar.

- **Amistades que se apagan:** La persona sigue viva, incluso feliz, pero el lazo se debilitó hasta desaparecer o simplemente se ha roto porque ha habido un malentendido o un conflicto.

- **Cambio evolutivo:** Poco se habla de lo que supone para unos progenitores ver a su criatura crecer, madurar, cambiar. Y también que nosotras lo hagamos.

En todos estos casos, **el proceso de adaptación al cambio puede volverse confuso, complejo y persistente**. Es fácil caer en la trampa del **efecto de paraíso perdido**, recordando que cualquier tiempo pasado fue mejor y seleccionando de manera sesgada aquellos recuerdos que alimentan esa nostalgia y funcionan como mecanismo de evitación del dolor que surge en el presente.

Estos duelos son particularmente complejos porque nos colocan en un lugar donde nos encontramos de lleno en la contradicción.

- **Quiero avanzar, pero hay disparadores** (los estímulos relacionados con esa persona, trabajo, animal o cosa) a cada paso.
- **Quiero soltar, pero** siento que, si dejo de mirar, de recordar, de intentar..., **pierdo la última esperanza.**
- **Quiero aceptar, pero me duele**, porque no me gusta que la realidad sea como es.

La mente juega a dos bandas: una parte entiende que ya no es posible volver atrás; otra se resiste, alimentada por la presencia viva del objeto perdido o por esas situaciones cotidianas que nos recuerdan que lo que fue ya no es. Esta contradicción alarga el proceso y puede generar sentimientos de nostalgia, rencor o incluso autoengaño y dejarnos atascados en el laberinto del duelo.

El reto psicológico: aceptar que lo que fue ya no es

Lila y Andrés estuvieron juntos ocho años. Construyeron una vida en común: una casa, viajes, rutinas que parecían inamovibles. Pero un día la relación terminó y Lila sintió que algo dentro de ella también había muerto.

Al principio no podía resistirse a mirar las redes sociales: Andrés seguía apareciendo en fotos de amigos en común. Cada publicación era una herida nueva; verlo reír, salir o iniciar proyectos la confrontaba con la paradoja más dolorosa: «Él sigue ahí, pero ya no conmigo».

Durante meses, Lila vivió atrapada entre dos fuerzas: una parte de ella sabía que debía soltar; otra se aferraba a recuerdos y a la imposible esperanza de que todo volviera a ser como antes. **Esa contradicción la desgastaba: no lograba avanzar, pero tampoco podía recuperar lo que tenía** con Andrés.

Un día, pasando frente al café donde desayunaban algunos sábados y donde él le comunicó que la relación había terminado, Lila vio que todo seguía igual: las mesas, el aroma a pan recién hecho, incluso el camarero que los atendía. Todo estaba ahí… menos ella con él. Entonces comprendió, entre lágrimas, que lo que dolía no era el café ni que Andrés siguiera vivo, sino que su lugar en esa historia había cambiado para siempre.

Ese fue el inicio de un trabajo interno distinto. En terapia, Lila aprendió que aceptar no significaba borrar ni olvidar. Con el tiempo dejó de pasar frente al café para torturarse y comenzó a buscar nuevos espacios que fueran solo suyos. Descubrió que **dejar ir la esperanza no era traicionar el amor vivido, sino realizar un acto de lealtad hacia sí misma**.

En el caso de María, ella siempre había dicho que ser madre era su mayor proyecto de vida. Durante más de veinte años, su casa estuvo llena de risas, despertares apresurados, mochilas tiradas en el pasillo y discusiones por horarios de vuelta. Su identidad se entretejía con la de sus hijos: era su referente, su sostén, su hogar. Se sentía útil y su vida tenía sentido.

Cuando el menor se fue a estudiar a otra ciudad, María sintió que las paredes de la casa se le caían encima. «No soporto tanto silencio», decía. «No sé qué hacer, no me siento bien». Todo estaba en su lugar, pero para ella ya no era lo mismo. Sus hijos estaban vivos, siguiendo su propia vida, y **ella debía adaptarse a un cambio irreversible en el vínculo**: nunca más serían niños ni adolescentes.

Al principio intentaba acortar la espera: desdoblaba sus camisetas, los llamaba más de lo necesario. La paradoja la desgastaba: celebraba su independencia, pero sentía un vacío difícil de nombrar. Era un duelo sin muerte, un duelo de roles. Su papel como madre de hijos dependientes había terminado; ahora tenía que aprender a ser madre de hijos independientes.

En terapia, María descubrió que **aceptar no era renunciar al amor, sino transformarlo**. Con el tiempo, retomó viejas pasiones, exploró actividades postergadas y reconectó con su pareja. Comprendió que el nido vacío no era el final, sino **un tránsito hacia otra manera de vincularse con sus hijos, consigo misma y con la vida**.

Tanto en la historia de Lila como en la de María, el aprendizaje consistió en dar un lugar simbólico a lo vivido.

Agradecer lo compartido, reconocer lo perdido y empezar a caminar por lo que ahora era su realidad y su vida.

Por supuesto, aceptar la ausencia sin negar la existencia no es sencillo. A veces duele más ver a alguien seguir su vida sin nosotros que aceptar su muerte. A veces es peor pasar frente a un lugar lleno de recuerdos que imaginarlo desaparecido. Sin embargo, en esa dificultad también hay una enseñanza profunda: **la vida cambia de forma, se transforma, y nosotros tenemos que cambiar con ella**.

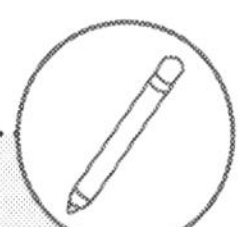

EJERCICIO

Una carta a corazón abierto

Este ejercicio es útil para recolocar a alguien o algo que has perdido, sea por muerte, cambio de relación, roles o proyectos. Su objetivo es mantener el vínculo de manera simbólica, honrar lo vivido y permitirte avanzar.

1. **Elige a quién o qué quieres traer simbólicamente:** Puede ser una persona ausente, un puesto que ya no ocupas, un proyecto terminado o cualquier situación significativa.

2. **Escribe una carta breve, a corazón abierto:** Incluye agradecimientos, recuerdos, lo que nunca pudiste decir, lo que te dolió o lo que desearías que hubiera sido diferente.

3. **Léela en voz alta:** Imagina que la persona, el proyecto o la situación está frente a ti, recibiendo tus palabras.

4. **Quema, guarda o deposita la carta:** Este gesto simboliza que lo amado sigue contigo, pero en un formato

que ya no te detiene. Lo que duele puede transformarse en aprendizaje y gratitud mientras continúas con tu vida.

La carta permite expresar emociones, mantener un vínculo simbólico y dar un lugar nuevo a lo que has perdido. **No es olvidar, sino recolocar y resignificar.**

Cuando te sientas perdida, abrumada o fuera de control, recuerda:

- **Soltar no es olvidar**, sino dejar de aferrarte a lo que ya cumplió su ciclo y puede estar de otro modo.
- **No todo lo que se va deja solo vacío**; a veces deja liberación y espacio para que otras cosas, deseos, personas, sueños puedan ser.
- **Soltar no rompe el vínculo, lo transforma** en algo diferente de forma que pueda ayudarte y no generarte sufrimiento.
- **A veces el amor consiste en dejar ir a quien quiere marcharse, soltar algo o a alguien que no nos hace bien.**

8

GANAR LA PARTIDA A LA INCERTIDUMBRE

El vértigo del no saber

Cuando estamos en medio de un cambio y sentimos que es momento de **empezar de nuevo**, ya sea un trabajo, un proyecto, una relación o incluso después de recuperarnos de una enfermedad, aparece la **incertidumbre**. Ese sentimiento surge en el **momento intermedio** entre lo que dejamos atrás —el pasado— y lo que todavía no ha llegado —el futuro que imaginamos y deseamos.

Por naturaleza, las personas buscamos predecir lo que va a venir, es por una pura cuestión de supervivencia y para aportar calma a un cerebro que, a veces, es más alarmista que tu madre cuando salías de fiesta de adolescente y te relataba los mil y un peligros que podían aparecer, todo para protegerte. A ella le daba sensación de seguridad y control, y eso es exactamente lo que hace nuestro cerebro: intenta anticipar lo que podría suceder para que nos sintamos preparadas y sepamos resolver las dificultades que puedan surgir.

Porque, si somos honestas y miramos la vida con atención,

los cambios, contratiempos, accidentes y experiencias, tanto para bien como para mal, nos recuerdan lo poco que realmente controlamos.

La incertidumbre no tiene que ver con lo que está pasando, sino con lo que no sabemos que va a pasar.

Y para nuestro cerebro, ese estado es difícil de gestionar; por eso se adelanta, se prepara y empieza a imaginar escenarios.

Esto le pasó a Marina. Aceptó una entrevista para un nuevo trabajo que le llegó por casualidad. Cuando le dijeron que el puesto era suyo, se sentía tan emocionada que no cabía en sí misma. Lo había deseado desde el principio, pero, a medida que se acercaba el momento de incorporarse, empezó a ponerse nerviosa. Surgieron dudas sobre su capacidad y preparación, traducidas en pensamientos como: «No soy lo bastante buena en muchas cosas, seguro que me equivocaré y se darán cuenta de que soy una farsante».

En realidad, nada de eso había ocurrido todavía; ni siquiera se había incorporado al trabajo. Sin embargo, lo sufría como si ya estuviera sucediendo de verdad.

Esto ocurre porque **nuestro cerebro no distingue claramente entre la experiencia real y la imaginada**. Cuando nos planteamos un evento, se activan muchas de las mismas áreas cerebrales que cuando lo vivimos: la amígdala, que es la encargada de procesar emociones como el miedo o la ansiedad; la corteza visual, que recrea escenas, e incluso la corteza motora, que prepara al cuerpo para la acción.

El estudio de la neurocientífica e investigadora Nadine Dijkstra y su equipo muestra algo muy interesante: cuando **ima-**

ginamos algo con mucho detalle, nuestro cerebro se activa casi igual que si estuviéramos viendo la escena. Esto ocurre en una zona llamada **giro fusiforme**, que se encarga de procesar lo que vemos.

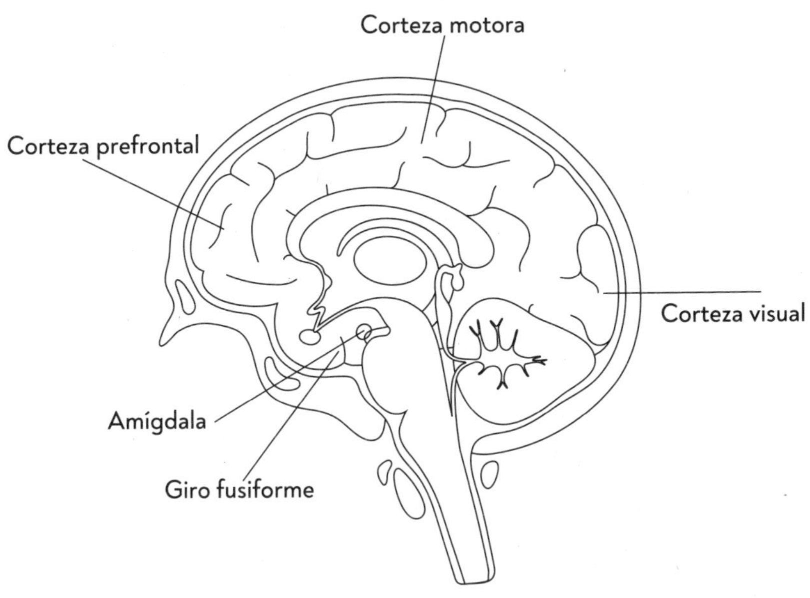

Además, tal como muestra A. Damasio en su libro *Y el cerebro creó al hombre*, cuando una imagen mental o recuerdo activa **el sistema límbico** (sobre todo la **amígdala**, que detecta amenaza o relevancia emocional), puede desencadenar una **respuesta fisiológica de alerta o supervivencia** que afecta al **lóbulo prefrontal** (especialmente a la corteza prefrontal dorsolateral y ventromedial), que es el área encargada de llevar a cabo funciones ejecutivas como el razonamiento, la planificación, el control emocional y la diferenciación entre realidad e imaginación. En ese estado, el cerebro prioriza la reacción emocional y corporal sobre el análisis racional. Dicho de otro modo: **el sistema emocional toma el mando y el prefrontal reduce su actividad** para dejar paso a una respuesta más rápida y automática.

Esto explica por qué **una situación imaginada puede generar emociones intensas** y por qué el cerebro, en términos funcionales, **no distingue del todo entre una amenaza real y una ficticia**.

Por eso podemos sentir miedo, nervios o entusiasmo por cosas que todavía no están pasando de verdad. Aplicado a Marina, esto nos ayuda a entender que, aunque ella **sabía racionalmente que aún no había empezado el trabajo**, su cuerpo y su mente reaccionaban como si lo que imaginaba ya estuviera ocurriendo.

En términos prácticos, nuestro cerebro funciona como un **simulador interno**: ensaya posibles escenarios para prepararnos y anticipar riesgos. Esto nos ha dado una ventaja evolutiva, pero también significa que podemos sufrir por cosas que todavía no existen. Reconocerlo nos permite observar nuestros pensamientos y emociones sin dejarnos arrastrar, entendiendo que muchas de estas reacciones son un entrenamiento interno, no la realidad en sí.

Aunque a primera vista pueda parecer una debilidad que nuestro cerebro confunda lo real con lo imaginado, en realidad **podemos convertir esta característica en una fortaleza**. Si aprendemos a usar esta simulación mental de forma consciente, **podemos entrenarnos para afrontar cambios, ensayar respuestas y fortalecer la confianza en nosotras mismas** antes de que la situación ocurra.

Esto significa que, en lugar de dejarnos arrastrar por la ansiedad ante lo desconocido, podemos **aprovechar la natura-**

leza de nuestro cerebro para ensayar escenarios positivos, experimentar emociones de éxito y seguridad y preparar cuerpo y mente para responder con calma y eficacia ante los cambios.

Aprender a estar en la incertidumbre es como flotar en medio del mar sin ver la orilla. La tentación es nadar desesperadamente en cualquier dirección con tal de sentir que hacemos algo, pero **a veces lo más sabio es aprender a flotar**. Respirar. Esperar a que las aguas se calmen.

Sostener la incertidumbre no es rendirnos: es un acto de confianza en la vida y en nuestra resiliencia, incluso cuando nuestra mente nos pone estas trampas imaginarias.

Para ayudarte con ello, te propongo a continuación dos ejercicios complementarios: el primero para **entrenar la confianza en ti misma mediante la simulación mental** y el segundo para que puedas **identificar tus miedos concretos y generar posibles soluciones**. Ambos aprovechan la capacidad natural de nuestro cerebro para imaginar, practicar y aprender antes de vivir la experiencia real.

EJERCICIO

Lo que temo y lo que puedo hacer

Objetivo: Reconocer tus miedos ante un nuevo comienzo y generar estrategias de acción que refuercen la sensación de control y confianza en ti misma.

Cómo hacerlo:

1. Elabora una tabla de cuatro columnas. Escribe tus miedos concretos ante ese nuevo inicio.

2. Junto a cada miedo, anota una o varias acciones o soluciones posibles que puedas poner en marcha.

3. Observa qué miedos eres capaz de **aceptar temporalmente** (porque forman parte del proceso) y cuáles puedes **prevenir o controlar, aunque sea de manera parcial**.

4. Reflexiona sobre **tus recursos** actuales y pregúntate:

   - ¿Qué habilidades y apoyos tengo ya para afrontar estas situaciones?

   - ¿Qué recursos siento que me faltan y cómo podría conseguirlos?

Miedos	Posible solución realista	Recursos que ya tengo	Recursos que me faltan o que puedo desarrollar

Puedes combinar este ejercicio con la siguiente visualización.

Imaginar para confiar en ti

Objetivo: Entrenar la mente y el cuerpo para afrontar situaciones que te ponen a prueba con seguridad y calma.

Cómo hacerlo:

1. **Busca un espacio tranquilo:** Siéntate o recuéstate y respira hondo un par de veces. Deja que el cuerpo se relaje.

2. **Imagina la situación nueva que vas a vivir:** Tu primer día en un trabajo, una reunión importante, el comienzo de un proyecto o una conversación difícil. Visualiza los detalles: espacio, personas, sonidos, postura, respiración.

3. **Ensaya mentalmente tus acciones y reacciones:** Observa cómo actúas con calma, seguridad y claridad y sales airosa de esas situaciones que te ponen a prueba. ¿Cómo responde tu cuerpo? Observa tu respiración tranquila, postura erguida, sensación de control.

4. **Conecta con la emoción de éxito:** Permítete sentir orgullo, seguridad, satisfacción. Tu cerebro interpreta estas emociones como reales.

5. **Repite este ejercicio durante unos minutos al día**, sobre todo antes de enfrentar cambios significativos. Puedes hacerlo al irte a dormir o camino al trabajo.

6. **Después, reflexiona:** ¿Qué sentiste en tu cuerpo?, ¿qué pensamientos surgieron? y ¿cómo cambia tu percepción de tu capacidad para afrontar los retos que puede traer el cambio?

La mente madre helicóptero: protectora, precavida y un poco controladora

Nuestra mente tiene un talento especial: **siempre quiere ir más rápido que la vida**. Como una madre helicóptero, sobrevuela cada posibilidad para intentar evitar el dolor, prevenir los errores y mantenernos a salvo. Lo hace por amor, por instinto de protección, pero a veces ese exceso de cuidado nos impide vivir el presente y confiar en que podremos manejar lo que venga.

Cuando nos enfrentamos a lo desconocido que trae consigo un cambio, **la mente tiende a moverse en dos direcciones**:

Estos movimientos no son caprichosos: son **estrategias de afrontamiento del miedo para ganar seguridad**. Son intentos de evitar el vértigo del presente, ese espacio donde nada está escrito y que es donde realmente ocurre la vida.

Roberto acababa de terminar una relación de muchos años. Su mente se movía sin descanso entre el pasado y el futuro: «Quizá podríamos volver», «Nunca encontraré a alguien igual». Se aferraba a lo que ya conocía y se adelantaba a lo que temía o esperaba que ocurriese. En ese vaivén constante, **perdía el presente**, **el único momento en el que podemos existir y sentir plenamente**.

Pero este patrón no solo sucede en el amor: puede aparecer ante un nuevo trabajo, un proyecto por comenzar o cualquier cambio vital. La mente, en su intento de protegernos, **nos aleja de la experiencia real**, generando ansiedad, estrés y sensación de descontrol.

Para recuperar sensación de agencia y calma, podemos **entrenar la atención al presente** con un ejercicio muy simple, pero poderoso, inspirado en la práctica de *mindfulness* desarrollada por Jon Kabat-Zinn.

La investigación muestra que atender conscientemente al momento presente reduce la ansiedad, mejora la regulación emocional y fortalece la capacidad de respuesta ante situaciones estresantes.

El objetivo de este ejercicio no es eliminar pensamientos sobre el pasado o el futuro, sino **reconocerlos sin dejarse arrastrar**. Al volver conscientemente al ahora, aprendemos que:

- **No todas las anticipaciones** que hacemos y que nos provocan miedo **van a ocurrir**.

- No necesitamos vivir atrapados en lo que ya pasó, porque **hoy no es ayer**.

- Podemos tomar decisiones más claras y sentirnos más presentes, conectados con la vida que realmente ocurre y que nos lleva a ese futuro que deseamos. **Podemos trabajar hoy para nuestra realidad de mañana.**

Estar presentes nos permite encontrar el equilibrio en la corriente del cambio.

EJERCICIO

Devuélvete al presente

1. Haz una pausa. Respira profundo y despacio.
2. Escribe los pensamientos en un papel. Ponlo bien a la vista.
3. Luego nombra en voz baja **tres cosas que ves** a tu alrededor.
4. Identifica **dos sonidos** que escuchas.
5. Siente **una sensación corporal**: el peso de tu cuerpo en la silla, el contacto de tus pies contra el suelo, el aire sobre la piel.
6. Pregúntate qué está ocurriendo realmente aquí, ahora, más allá de que tus pensamientos estén presentes.

¿Que estén presentes hace que ocurran? ¿Cuál es tu realidad ahora?

Con la práctica, este ejercicio, inspirado en uno de Kabat-Zinn, **entrena al cerebro para volver al presente**, ayuda a diferenciar lo que es real de lo que solo existe en la mente y permite **enfrentar los cambios con más claridad y serenidad**.

Confiar en el proceso

Aceptar y estar dispuesta a sostener la incertidumbre no significa conformarse ni rendirse ante lo desconocido. Implica **dar espacio a lo nuevo, permitir que la vida se despliegue sin intentar controlar cada detalle.**

Todo cambio profundo trae consigo una **zona de tránsito**, un territorio extraño donde parece que nada encaja del todo. **No somos exactamente quienes fuimos, ni todavía la versión que está por llegar.** Ocurre lo mismo con la vida que conocíamos y la que vamos a vivir. Este espacio de transición puede resultar incómodo, desconcertante, incluso aterrador, pero también es **el lugar donde puede ocurrir una transformación**. La incertidumbre se va volviendo certeza cuando recorres el camino y descubres lo que aparece a tu paso o como consecuencia de haber tomado los desvíos que hayas decidido recorriéndolo.

Imagina una oruga dentro de la crisálida. Desde fuera parece que no ocurre nada. Aparentemente hay una quietud absoluta, si no conociésemos nada de lo que una crisálida significa podríamos pensar que se ha estancado. Sin embargo, todos sabemos que dentro de la crisálida está teniendo lugar **una transformación total**: las estructuras antiguas se disuelven, desaparecen, mueren y dan paso a algo completamente nuevo, tanto que hace que un ser cuyo mundo transcurría arrastrándose y pegado al suelo pase a volar entre las nubes.

La incertidumbre funciona de manera similar: es una **crisálida emocional**. Oscura, incómoda, pero fértil.

Habitar la incertidumbre no es rendirse ni resignarse; es permitir que suceda la transformación interna, aunque no podamos ver los resultados de inmediato.

Eso es lo que le sucedió a Clara, que decidió dejar su trabajo estable para emprender algo que había soñado durante años: crear un negocio de **muñecos de trapo con función psicológica**, diseñados para ayudar a los niños a afrontar transiciones importantes, como cambiar de escuela, mudarse o superar sus miedos. La idea le parecía hermosa y significativa, pero los primeros días, aunque la llenaron de emoción, también le provocaron miedo.

Los primeros meses fueron un verdadero **torbellino**. No había horarios fijos ni estructura clara. Un día estaba cosiendo prototipos de muñecos mientras investigaba teorías de psicología infantil; al siguiente, organizaba talleres para criaturas y progenitores, redactaba la página web o buscaba proveedores. Su cabeza no paraba: «¿Estaré cobrando lo justo? ¿Los padres confiarán en mis muñecos? ¿Cómo voy a mantener el negocio a flote?».

El caos también se reflejaba en su cuerpo: noches en vela revisando pedidos, tensión en los hombros, ansiedad que subía y bajaba como olas. Extrañaba la seguridad de su antiguo empleo, con sus horarios fijos y tareas predecibles. Algunos días se sentía perdida y se preguntaba si había tomado la decisión correcta.

Pero poco a poco Clara empezó a notar algo diferente. Cada muñeco que hacía sonreír a una criatura, cada madre o padre que le mandaba una foto y le contaba que su hijo había ganado confianza **le devolvía una sensación de propósito y dirección**. Aprendió a disfrutar del flujo creativo, a celebrar los pequeños logros y a aceptar que **la incertidumbre no era su enemiga, sino parte del proceso**.

Con el tiempo, comprendió que **el vacío inicial y el caos no eran obstáculos**, sino **el terreno donde germinaba su nueva vida**. La incertidumbre se convirtió en su aliada: le enseñaba paciencia, autoconocimiento y resiliencia. Cada decisión tomada, cada error y cada triunfo eran los ladrillos que constituían una base sólida para un negocio que no solo era rentable, sino profundamente coherente con su esencia y sus valores.

Como la oruga dentro de la crisálida, desde fuera parecía que no ocurría gran cosa, pero su interior y su vida estaban en transformación.

La experiencia de Clara no es una narración para anestesiar la realidad llena de positivismo. Lo que le ocurrió tiene respaldo científico. Las investigaciones sobre **tolerancia a la incertidumbre**, como la de Carleton, muestran que las personas que aprenden a sostener el momento presente y aceptar la ambigüedad desarrollan **mayor resiliencia, creatividad y bienestar emocional**.

Además, estudios como el de Grupe y Nitschke indican que el cerebro responde a la incertidumbre activando redes que procesan **evaluación de riesgos, planificación y adaptación**. Practicar la atención plena, la reflexión y la aceptación consciente permite que estas redes se fortalezcan y facilita **una transición más fluida y segura hacia lo nuevo y hacia la regulación emocional**, reduciendo así la reactividad exagerada ante las amenazas percibidas.

En otras palabras, **el desconcierto no es señal de estar perdido o de fracaso**, sino un mecanismo natural de reorganización cerebral y emocional.

Al sostenernos en la incertidumbre, preparamos el terreno interno para crecer y adaptarnos, igual que la oruga dentro de su crisálida.

Para poner en práctica esta capacidad, te propongo un ejercicio inspirado en la obra de W. Bridges sobre la reflexión diaria y la psicología de las transiciones.

La idea es ayudarte a transitar la sensación de no saber qué pasará y **poner el foco en el presente** para así potenciar tu consciencia y confianza.

EJERCICIO

Tu diario de transición

1. Coge una libreta y cada noche, antes de irte a la cama, escribe tres cosas:

> - Algo que ha cambiado hoy, aunque sea mínimo.
> - Algo que estás intentando controlar (y podrías soltar).
> - Algo que confías en que el tiempo te mostrará.
> 2. Observa cómo, con el tiempo, tu foco empieza a moverse de la ansiedad por controlar a la confianza de observar.
> 3. Relee tus notas después de un mes: descubrirás que mucho de lo que temías ya ha tomado forma por sí solo.

Cultivar la paciencia

La incertidumbre no solo nos reta: también **puede ser una gran maestra**. Nos muestra las zonas donde aún nos aferramos, las ilusiones de control y los límites de nuestra confianza. También deja al descubierto nuestras **vulnerabilidades** y las **habilidades emocionales** que necesitamos fortalecer para vivir de manera más plena y coherente.

Una de esas habilidades es la **paciencia**. En una época donde todo parece medirse en clics, resultados y gratificaciones instantáneas, aprender a esperar se ha vuelto casi un acto revolucionario. Vivimos en una cultura que asocia la pausa con la pérdida, y la lentitud, con el fracaso.

Pero, paradójicamente, es en el ritmo pausado donde maduran las transformaciones más profundas.

Mi abuela Dacia siempre decía que aprender a ser paciente es una de las mejores cosas que puedes hacer por ti misma y por la vida y que, si no lo aprendes por voluntad propia, **la vida se encargará de enseñártelo**. Es decir, la vida tiene su propio reloj, y no sirve de nada adelantar las agujas para hacer que el tiempo pase más rápido. Cuánta razón tenía.

Esa lección de mi abuela —la de aceptar el ritmo de la vida— es una de las más difíciles de integrar. Tatiana lo sabía en teoría, pero vivirlo en carne propia es otra historia.

Ella llevaba meses preparando el lanzamiento de su pequeño taller de cerámica terapéutica. Había dejado su antiguo trabajo y puesto toda su energía, ilusión y ahorros en crear un espacio donde las personas pudieran conectar con sus emociones a través del barro. Pero las cosas no estaban saliendo como ni cuando ella quería: los proveedores tardaban, no crecía en redes sociales al ritmo que esperaba, y cada día que pasaba sin llegar al número de clientes que necesitaba le provocaba una punzada en el estómago.

Una tarde, extenuada, se dio cuenta de que su cuerpo estaba en tensión constante, como si empujar más fuera a cambiar el ritmo de las cosas. Entonces recordó algo que había salido en terapia:

La paciencia no es esperar sin hacer nada,
es seguir presente y continuar haciendo mientras
las cosas toman forma.

Empezó a practicar lo que llamaba su **mantra de la confianza**: cada vez que la ansiedad la empujaba a hacer más, se detenía, respiraba y se repetía en voz baja: «No sé cuál será el resultado, y está bien no saberlo. Mi trabajo ahora es hacerlo y esperar a ver qué pasa».

Con el tiempo, Tatiana notó algo sutil, pero profundo: empezó a dormir mejor, a tener las ideas más claras y a disfrutar del proceso. Un día, sin planearlo, una amiga la llamó para hacer un taller conjunto para su grupo de meditación. Hubo personas que quedaron tan encantadas que se apuntaron a sus clases semanales. Se corrió la voz, estas se lo fueron recomendando a amigas, familiares y conocidas, y así, poco a poco, el proyecto empezó a crecer.

Tatiana descubrió que la paciencia era una manera de honrar el ritmo real de la vida, y el suyo propio.

Porque la vida, cuando nos enfrenta a la incertidumbre, a veces nos obliga a esperar que lo que hacemos hoy tenga resultado, nos ayude a clarificar si estamos en el camino correcto o debemos cambiar de rumbo. Ya sea un resultado de una prueba médica, una oportunidad laboral, una reconciliación o el fin de una relación.

En esa pausa, la paciencia se convierte en una habilidad, **una forma de sabiduría emocional**. Nos recuerda que la vida no siempre necesita respuestas, sino presencia y acciones coherentes con nuestros valores y con los objetivos o metas que nos hemos marcado.

La psicología del cambio describe cómo el cerebro y las emociones aprenden a coexistir con la falta de certeza. Estudios recientes sobre **tolerancia a la incertidumbre** y **flexibilidad psicológica** confirman que aceptar lo que no podemos controlar reduce el estrés y nos permite responder con mayor claridad y calma. Dicho de otro modo: cuando **dejamos de pelear con lo incierto**, aparece una **sensación inesperada de alivio**.

En otras palabras, **la paciencia es una forma activa de sostener el presente sin rendirse ante la prisa o el miedo**. Es aceptar que no todo puede resolverse de inmediato, que las semillas necesitan su tiempo para germinar, crecer, florecer y dar fruto.

Si aprendemos a escuchar la incertidumbre con humildad, esta nos enseña a **ceder el paso al tiempo**, a confiar en los procesos que no controlamos y a mirar la espera a la respuesta no como un castigo, sino como parte del camino. Como **un espacio fértil donde algo está creciendo, madurando**.

EJERCICIO

Crea tu propio mantra consciente

Cuando la incertidumbre te apriete el pecho o tu mente empiece con los eternos «¿y si...?» o «debería...», puedes transformar ese impulso de control en un gesto de confianza. **Piensa en ti misma como una crisálida**: no puedes acelerar la transformación, y no sirve de nada luchar contra el proceso; tu tarea es sostenerlo, acompañarlo y confiar en que todo ocurre a su tiempo.

Este ejercicio, inspirado en la **terapia de aceptación y compromiso** (Hayes *et al.*, 2012), entrena la **flexibilidad psicológica** y la **aceptación activa**, dos pilares fundamentales para adaptarnos al cambio sin perdernos en él.

Cómo hacerlo:

1. **Detente.** Cuando notes que tu mente se dispara con pensamientos anticipatorios («¿Y si sale mal?», «¿Y si me equivoco?»), haz una pausa.

2. **Respira profundo** y repite en voz baja o mentalmente algo como: «No lo sé. Cuando llegue a ese puente ya lo cruzaré. A ver qué pasa». Piensa en esta frase como tu **capullo de confianza**, que te sostiene mientras te transformas.

3. **Céntrate en la respiración.** Siente cómo entra y sale el aire, sin intentar cambiarlo.

4. **Observa tu cuerpo.** ¿Qué ocurre cuando repites tu mantra? A menudo, el pecho se expande, la tensión disminuye y la mente se suaviza, igual que la crisálida que se abre lentamente.

Repetir una frase como **«A ver qué pasa»** no es rendirse ni desentenderse: es **un acto de humildad y confianza**. Es un recordatorio de que **no todo depende de nosotras, pero cómo elegimos transitarlo sí**.

A veces, lo más valiente no es tener todas las respuestas, sino quedarse presente, respirando, mientras la vida —como la mariposa que emerge del capullo— se despliega a su tiempo.

Bucear en tus miedos

El miedo al no saber, la incertidumbre que nos hace temblar, funciona como protector ante la creencia de que no vamos a ser capaces de lidiar con las consecuencias de nuestras decisiones o con las que trae el cambio que no elegimos. **Pero aquí está el secreto:**

Hasta que no actúes, no sabrás de qué eres capaz.

Pensar, planear o imaginar el futuro no te revela tu fuerza real, eso solo puede hacerlo la acción frente a la incomodidad.

Piensa en el miedo como un **anzuelo de pescador**. Cuando intentas huir, nadas en sentido contrario, tirando del hilo, quedándote atrapada en la tensión y el dolor que ya está presente. Ese dolor es la realidad que estás intentando evitar, y cuanto más forcejeas, más se clava el anzuelo. Pero, si en lugar de huir decides **nadar hacia el pescador**, acercarte con atención y curiosidad, el hilo se afloja y puedes descubrir si el miedo era real, qué puedes hacer frente a él y si el lugar al que quieres ir realmente te llevará a un alivio o si el dolor es parte del camino que necesitas atravesar.

Paula, por ejemplo, no sabía de qué era capaz cuando empezó a poner límites en su familia gracias a su trabajo en terapia. Cada «no» le generaba temores («¿Perderé su afecto? ¿Me rechazarán?»), pero paso a paso, con cada decisión en la que sostenía su postura, fue descubriendo su propia fuerza, su capacidad de mantener el equilibrio y la coherencia aun frente a la incomodidad. No lo aprendió pensando ni leyendo, lo **descubrió haciendo**, atravesando el miedo y conviviendo con la tensión sin dejarse arrastrar.

Lo que vivió Paula tiene respaldo en la ciencia. Albert Bandura señala que la **autoeficacia** —la confianza en nuestra capacidad para afrontar desafíos— se construye con la experiencia directa. Cada acción frente a lo desconocido refuerza la capacidad de sostener la incertidumbre, tolerar la incomodidad y movernos hacia lo que queremos.

El mensaje es claro: **el miedo no desaparece porque lo ignores ni el dolor cesa porque huyas**. Solo acercándote, nadando hacia el pescador, tendrás la oportunidad de descubrir si vas a poder liberarte del anzuelo. Si vas a tener la capacidad de afrontarlo.

No se trata de tener todas las respuestas al principio del camino, sino de aprender a convivir con las preguntas que se irán respondiendo a medida que lo transitemos.

EJERCICIO

Tus cajitas de logros

El objetivo de este ejercicio es que te **conectes con tu propia evidencia de autoeficacia**, que recuerdes todas las veces que has logrado algo, grande o pequeño, que te demuestre que eres capaz de afrontar desafíos.

Cómo hacerlo:

1. Toma un cuaderno, una hoja o incluso una caja física (como un frasco o sobre).

2. Divide la hoja o el espacio en **pequeñas cajitas**. En cada una escribe un logro que hayas conseguido: puede ser personal, profesional, emocional o creativo. No importa el tamaño: cada acción cuenta.
   - Ejemplos: «Defendí mi opinión en el trabajo sin sentirme intimidada», «Logré terminar ese proyecto que parecía imposible», «Hablé de mis emociones con alguien importante y me sentí escuchada».
3. Cada vez que dudes de ti misma o sientas miedo ante un desafío, **elige una cajita y léela**. Recuerda cómo te sentiste y qué hiciste para lograrlo.
4. Opcional: Añade una frase de afirmación que conecte con el logro: «Si lo hice antes, puedo hacerlo ahora».

Consejo: Repite el ejercicio semanalmente, añadiendo nuevos logros. Verlos acumulados te permitirá **comprobar con hechos concretos** que eres capaz de afrontar la vida, incluso cuando la incertidumbre aprieta.

En conclusión, los cambios son inevitables, y con ellos llega la **incertidumbre**. No siempre sabemos qué pasará, qué decisiones tomar. Pero armarnos de información sobre cómo ocurre el cambio, cómo lo afrontamos y qué recursos hay disponibles nos permite mirarlo a la cara con otros ojos. En vez de quedarnos paralizados como un conejito, podemos transformarnos como **Perséfone**, que fue raptada por Hades y enviada al inframundo. Su ausencia provocó que solo existiera el invierno, ya que su madre, Deméter, dejó de hacer florecer la tierra. Sin embargo, con su regreso al mundo de los vivos cada primavera, traía consigo el renacimiento.

Esta historia nos recuerda que la vida está hecha de **ciclos**: inviernos internos, incertidumbre y pérdidas anteceden a nuevas primaveras. Ahora que sabemos que tenemos la capacidad de sostener la incomodidad y convivir con la duda, podemos abrirnos a lo que viene. Cada experiencia —incluso aquellas que nos obligan a replantear planes, deseos u objetivos— puede convertirse en un impulso para vivir de manera más consciente y aprovechar las oportunidades que la vida nos ofrece.

El siguiente capítulo nos invita a dar ese paso: **abrirnos a la vida, a lo que viene**. A los cambios, las oportunidades y las posibilidades que se nos presentan con la confianza de que **contamos con la fuerza necesaria para navegar la incertidumbre**.

Cuando te sientas perdida, abrumada o fuera de control, recuerda:

- **Pon a tu imaginación a tu favor:** Tu cerebro reacciona igual ante lo imaginado que ante lo real. Visualiza escenarios positivos donde te ves afrontando el cambio con confianza y calma.
- **Lo que tiene tu atención tiene el poder:** Cuando tu mente te lleve al pasado o al futuro, regresa al presente. Identifica tres cosas que veas, dos que oigas y una sensación física.
- Recuerda que, como la oruga en la crisálida, **la transformación conlleva tiempo** para ver resultados.
- **La paciencia es una habilidad activa:** Haz lo que esté en tu mano, mientras el resto se aclara.
- **No sabrás de qué eres capaz hasta que actúes:** Cada paso que das, a pesar del miedo y la incertidumbre, revela tu fuerza y aumenta tu confianza para seguir avanzando.

9

ABRIRSE A LO QUE VIENE

Cuando nada es seguro, todo es posible

Hace unas semanas, una amiga me contó que había cambiado de trabajo. No lo buscaba, simplemente surgió la oportunidad, pasó las entrevistas y, de pronto, estaba en un nuevo empleo, haciendo lo mismo que antes, pero ganando el doble.

—Me siento bien —me dijo—. No solo por el dinero, sino porque estuve abierta al cambio. Gracias a eso, mejoró mi situación personal y profesional.

Me hizo pensar en cuando dejé de dar clases de apoyo para abrir la consulta de psicología y en **cuántas veces nos aferramos a lo conocido por miedo a lo incierto**. Hay un punto en la vida en el que no se trata de entender, resistir o planificar el siguiente paso, sino de abrirse. Abrirse a lo que ocurra, elegido o no. Porque nada es seguro, aunque lo demos por sentado. La ilusión de estabilidad nos atrapa, cuando lo único permanente es el cambio.

Y aceptar la incertidumbre trae no solo
incomodidad, sino también posibilidad.

Abrirse a lo que viene no es ingenuidad ni positivismo tóxico. **Es un gesto de madurez:** reconocer que la estabilidad no está en que nada cambie, sino en cómo aprendemos a sostenernos a nosotras mismas y a los demás mientras todo se trastoca. Es permitir que la vida nos desordene, y a veces decidir desordenarla, confiando en que podremos atravesar lo que aparezca. En definitiva, es **habitar la vida tal como es: imperfecta, cambiante, profundamente humana**.

Esto implica asumir responsabilidad, entendida no como cargar con todo, sino como responder con habilidad: actuar desde lo que somos, con lo que tenemos y podemos ofrecer. Cuando algo falta, hacerse responsable incluye pedir ayuda, formarse, descansar o detenerse, como hizo Milagros, aquella mujer del capítulo 5, que escuchó a su cuerpo antes de romperse.

Responder no es hacer más, sino actuar de otra forma: escuchar, esperar, reconocer lo que no sabemos y dejar ir. Es mirar de frente lo que nos toca vivir y decidir cómo posicionarnos: podemos cerrarnos o acompañar la realidad con consciencia. Reaccionar es automático; responder es consciente. Y ahí se abre un espacio vital entre miedo y posibilidad: la libertad. Ser responsables es recuperar agencia, aunque la vida se vuelva caótica. Para eso propongo **A. M. A. R.**, porque abrirse a lo que viene solo puede hacerse desde el amor existencial: estar disponibles y abiertas para la vida.

- **A: Acepta la realidad:** Mira de frente lo que hay sin negarlo ni dramatizarlo. Acepta que todo cambia, que lo perfecto no existe y que lo perdido no vuelve igual. La aceptación nos libera de un innecesario gasto de energía y sufrimiento.
- **M: Mira con perspectiva:** No todo lo que pensamos es verdad. Observa tus pensamientos sin confundirlos con hechos. Haz que la mente te sirva, no que te domine.
- **A: Actúa según tus valores:** Ellos son la brújula de tu vida. El bienestar no viene de evitar el malestar, sino de actuar con coherencia y compromiso.
- **R: Recurre al apoyo necesario:** Pedir ayuda no es debilidad; es responsabilidad. A veces necesitamos sostén emocional, acompañamiento profesional o la mirada amiga que nos recuerde quiénes somos.

Cuando ya hemos aceptado la realidad y dado los primeros pasos, llega la etapa de cómo seguir. Abrirse a lo que viene significa reconocer que no podemos controlar lo que sucede, pero sí cómo nos relacionamos con ello. Para acompañar este proceso, propongo el acrónimo **R. E. M. A.**, una guía para no naufragar en medio del cambio:

- **R: Reconocer lo que está bajo nuestro control y lo que no:** No podemos obligar a nadie a cambiar, pero sí decidir cómo nos vinculamos con lo que nos rodea.

- **E: Elegir nuestra respuesta:** Actuar según nuestros valores: decir «no», pedir ayuda, poner límites, permitirnos sentir sin juzgarnos.
- **M: Mantener el compromiso con nuestra presencia:** Incluso cuando duele o asusta, estar ahí, conscientes, para poder responder con lo que somos y tenemos.
- **A: Aceptar las consecuencias de nuestras decisiones:** Abrirnos no garantiza que todo salga como esperamos, pero sí implica asumir el riesgo y la responsabilidad de nuestras acciones.

Abrirnos y hacernos responsables no son opuestos, sino movimientos complementarios: uno nos coloca en el fluir de la vida; el otro nos ancla al presente. Solo al sostener ambos podemos caminar sin perdernos ni dejarnos arrastrar. Ser responsables es responder con amor: hacia la vida, hacia el cuerpo, hacia los demás y hacia nosotras mismas.

La vida se mueve dentro y fuera de nosotras; los cuerpos cambian, los vínculos se transforman y las certezas se disuelven. No es un fallo: es el sistema. No hay botón de pausa; la vida nos invita a bailar con ella y, aunque a veces nos toque danzar descalzas sobre guijarros, cada paso consciente es nuestra participación en la coreografía del vivir.

Porque, cuando nada es seguro, todo es posible.
Y en ese todo está contenida la vida entera.

La espiral de la vida

El mito de Sísifo cuenta que, tras desafiar a los dioses, fue condenado a empujar una piedra enorme montaña arriba solo para verla rodar cuesta abajo una y otra vez, por toda la eternidad. Su castigo era repetir el mismo esfuerzo sin alcanzar nunca el final. A veces tal vez sientas que la vida no es más que un bucle de repetición que nunca acaba. Pero, si miramos más allá del castigo, la historia de Sísifo puede ser leída como una metáfora del movimiento constante de la vida. Porque, aunque a simple vista parezca que todo se repite, nada es exactamente igual. Como ya vimos en el capítulo 1 que nos recordaba Heráclito, «todo fluye y nada permanece»: ni el río ni quien se baña en él son los mismos.

Eso ocurre también con Sísifo. Ni la piedra, ni el terreno ni él mismo son iguales cada vez que sube la colina. La roca se desgasta con el roce, el suelo se modifica con el paso, y él también cambia: su cuerpo, su resistencia, su forma de mirar el camino. En cada ascenso hay algo que se transforma, fuera y dentro.

La vida no es una línea que se repite, sino una espiral. Cada ciclo nos devuelve a un lugar distinto, con nuevas perspectivas y aprendizajes. Empujar la piedra mirando al suelo es resignación; hacerlo con consciencia es transformar la vida con cada subida.

Avanzar en un cambio no es sentirse bien de un momento a otro. Es danzar entre la luz y la sombra.

Hace un tiempo, Olmo me pidió ayuda tras una ruptura inesperada. Sintió que sus sueños, su futuro y su vida se habían esfumado. Entró en un pozo de tristeza y desesperanza, incapaz de ver lo que aún tenía valor.

Con trabajo personal, apoyo social y terapéutico, consciencia y esfuerzo, Olmo empezó a reconectar con lo que importaba. Me dijo: «Por momentos siento que avanzo, pero no lo consigo». Le respondí: «Escalar el Annapurna no sucede de un tirón ni de un día para otro. Estás sorteando obstáculos: mal de altura, glaciares, avalanchas, cansancio y frío extremo. El hecho de que no estés donde quieres no significa que no avances; estás progresando paso a paso». Sus ojos se empañaron de lágrimas.

En esa sesión tomé notas con un boli roto. No era cómodo ni lo que habría elegido, pero era lo que tenía. La vida nos presenta obstáculos. No impide que escribamos nuestra historia y nos recuerda que podemos avanzar aun con incomodidad. Lo que importa es actuar en pro de lo que valoramos, mientras podamos.

La importancia de encontrar sentido en la vida: tu razón de estar en el mundo

Albert Camus decía que hay que imaginar a Sísifo feliz. Para él, el castigo eterno de empujar una piedra montaña arriba representaba lo absurdo de la existencia. Sin embargo, Camus **no se queda en el sinsentido: propone encontrar libertad en aceptarlo**. La felicidad surge cuando miramos la piedra tal como es y aun así seguimos moviéndola, porque tenemos motivos para hacerlo.

Lo esencial es que no se trata de que todo sea fácil o luminoso, sino de avanzar con consciencia incluso en terreno empinado. Tener un propósito no exige heroísmo: basta con recordar nuestra brújula interna cuando la vida cambia. Vivimos en una sociedad que glorifica lo inmediato. Confundimos bienestar con placer momentáneo, que calma un rato, pero no nutre.

Por eso necesitamos otra mirada: relacionarnos con la vida sin evitar el malestar, encontrando sentido incluso en la adversidad.

La psicóloga Carol D. Ryff lleva esta idea al terreno de la psicología con un modelo de bienestar que trasciende la felicidad momentánea. **Vivir bien es relacionarse con la vida de forma consciente y significativa**, desarrollar el propio potencial incluso cuando duele. Se apoya en seis dimensiones que se nutren entre sí: **autoaceptación, relaciones positivas, autonomía, dominio del entorno, propósito vital y crecimiento personal**. No son logros fijos, sino prácticas que se cultivan día a día, como semillas que se convierten en árboles que dan fruto.

- La **autoaceptación** es la base: reconocernos y sostenernos, incluso en lo que duele, sin resignación, desde la integridad.
- Las **relaciones positivas** nos recuerdan que somos seres interdependientes; no importa la cantidad, sino los vínculos auténticos que nos sostienen.
- La **autonomía** no es independencia radical, sino actuar desde nuestra brújula interna y asumir las consecuencias de nuestras decisiones, manteniendo la esencia personal.
- El **dominio del entorno** no implica controlarlo todo, sino influir en lo que está a nuestro alcance con creatividad y agencia.
- El **propósito vital** da sentido: sentir que nuestras acciones conectan con nuestra misión en la vida.
- Y el **crecimiento personal** no es perfección, sino aprender de cada experiencia, incluso de las dolorosas, para descubrir quiénes somos y cómo queremos vivir.

Ahí reside la madurez emocional: dejar de buscar
la felicidad como meta externa y cultivarla como
práctica interna.

El bienestar no surge al evitar el dolor, sino al caminar con él. Vivir con sentido no es tenerlo todo resuelto, sino seguir empujando la piedra con amor y presencia, aunque haya niebla y no veamos el camino con claridad.

Esa mirada amplia hacia la vida no es para nada nueva. Ha atravesado culturas y tiempos, desde Heráclito y su idea del cambio constante hasta tradiciones que entienden la existencia como un flujo que debemos aprender a acompañar. En Japón, el concepto de **ikigai** —«la razón de ser» o «tu razón de estar en el mundo»— resume esta idea de la que hablamos: nuestro propósito.

La ciencia confirma lo que la sabiduría ancestral intuía. Como afirman los investigadores Hill y Turiano, entre otros, tener un propósito vital claro se asocia con mayor bienestar psicológico, mejor salud y menor mortalidad.

No obstante, tu propósito no está en una meta única, sino que se revela en cómo eliges vivir, en tus respuestas a lo que ocurre en tu día a día y en las huellas que dejas en los demás. A veces ya vivimos en coherencia con él, aunque no lo hayamos nombrado.

Eso le ocurrió a Fabiola, cuya hija falleció por una enfermedad rara. Se pasó meses sintiendo que había perdido su propósito, pero, mientras lo decía, dedicaba los días a acompañar a otras familias con niños con dificultades. Lo hacía con ternura, presencia y un profundo respeto por la vida. Poco a poco comprendió que su propósito se había transformado: seguía allí, guiando su cuidado, su amor y su capacidad de convertir el dolor en servicio.

Por eso te propongo este ejercicio: una pausa para reconectar o descubrir lo que da sentido a tu vida ahora.

EJERCICIO

Tu razón de ser y de estar en el mundo

En una hoja, dibuja cuatro columnas. Cada una debe recoger una de las siguientes preguntas.

1. **¿Qué adoras hacer?**

   Aquello que te hace sentir viva. No tiene que ser algo extraordinario, puede ser escuchar, acompañar, cocinar, escribir, observar el cielo, reparar cosas, cuidar.

2. **¿Qué se te da bien?**

   Tus dones, habilidades o formas naturales de estar en el mundo. Puede coincidir o no con lo que te gusta. Como sostener, crear calma, organizar, imaginar, comprender.

3. **¿Qué necesita el mundo que te rodea?**

Piensa en tu entorno: tu familia, tu comunidad, tu contexto. ¿Qué falta? ¿Escucha, empatía, creatividad, orden, ternura, justicia, sentido?

4. **¿Qué podría sostenerte en la vida?**

   En todas tus dimensiones: económica, emocional, espiritual. ¿Qué cosas podrían darte estabilidad mientras aportas lo que sabes y te gusta hacer?

Responde sin censura, dejando que las palabras fluyan. Cuando termines, tómate un momento para reflexionar sobre lo que escribiste en cada columna. No busques coincidencias exactas, sino temas que se repitan o se entrelacen. Pregúntate: «¿Cómo aparece esto en mi vida?».

Te doy un ejemplo que trabajé en consulta con Fabiola. Le pedí que pensara en su trabajo y se preguntara qué le gustaba y además se le daba bien; ella concluyó que **ayudar a otras personas**. Luego le pregunté si el mundo necesitaba eso: respondió que sí, que hacía falta mucha ayuda. Finalmente, reconoció que se le pagaba por prestar esa ayuda y que además esa actividad estaba ligada a sus valores de **solidaridad y consciencia**.

Espero que este ejemplo te sirva de guía para explorar cada área de tu vida y encontrar los hilos que conectan lo que haces, lo que amas y lo que valoras.

El propósito no siempre se encuentra de golpe;
a veces, se reconoce poco a poco, al mirar con atención
lo que ya florece dentro.

Cuando insistir no es valentía, sino miedo a soltar

Greta había querido ser enfermera desde pequeña, pero no logró la nota requerida para entrar en la universidad pública. Empujada por la frustración y por los consejos ajenos, se matriculó en Biología.

El primer año le fue bien; el segundo comenzó a costarle y el tercero se convirtió en una retahíla de asignaturas repetidas y vacío. Aun así, pensaba: «Ya llevo tres años, sería absurdo dejarlo ahora».

Un día, agotada, se escuchó de verdad y comprendió que su motivación era el miedo a aceptar que su padre tenía razón y que el tiempo invertido en esa carrera no se podía recuperar. Se cambió a Enfermería en una universidad privada y trabajó para pagarse los estudios. Muchos le decían: «¿Para qué cambias ahora, si ya casi habías acabado?». Greta entendió que seguir solo por el tiempo invertido era cavar un hoyo aún más profundo.

En psicología, esto se conoce como **sesgo del costo hundido** (Arkes y Blumer, 1985): mantener una inversión de tiempo, dinero o esfuerzo solo porque ya se ha hecho, aunque continuar genere más pérdidas que ganancias. Estudios recientes muestran cómo combatirlo: Kazinka, MacDonald y Redish observaron que prestar atención consciente al presente reduce la tendencia a mantener decisiones irracionales; Ott, Masset, Gouvêa y Kepecs añadieron que muchas veces lo que parece sesgo no es irracionalidad, sino falta de **reevaluación adaptativa**: seguimos por inercia sin preguntarnos si ese objetivo aún tiene sentido o valor para nosotros.

En terapia, esto se trabaja diferenciando entre compromiso y obstinación. Cambiar de rumbo no es fracasar, sino escuchar lo que ya sabíamos. Greta no tiró tres años por la borda: los transformó en aprendizaje. Su deseo seguía intacto, y soltar el camino equivocado era la única forma de honrarlo.

Rendirse no siempre supone una derrota; a veces es un alarde de **inteligencia emocional y madurez**. Soltar una meta que ya no encaja puede ser tan importante como alcanzarla. Implica decir: «Lo que hice me trajo hasta aquí, pero ahora necesito un cambio de dirección». Modificar el rumbo puede ser el verdadero signo de compromiso con la vida; detenerse a tiempo también es avanzar.

> A veces, rendirse también es
> elegir vivir con sentido.

Ser coherente con tu brújula interna

En los procesos de cambio solemos buscar aprobación fuera. **Queremos que nos digan «lo has hecho bien», como si la validación ajena garantizara que no nos hemos equivocado.** A veces esa necesidad de aprobación funciona como protección: si otros corroboran nuestras decisiones, el peso del error no recae del todo sobre nosotras. Sin embargo, abrirse a lo que viene significa vivir en coherencia, incluso si a los demás no les gusta o no lo entienden.

La coherencia interna no busca aplausos; busca paz.

Esa paz nace de actuar desde nuestros valores, aunque nos duela a nosotras o al resto.

Esto lo aprendí de dos personas que marcaron mi forma de entender la vida: mi abuela Dacia y mi padre, Humberto. Ambos me enseñaron que la libertad no se conquista en contra de los demás, sino junto a quienes nos quieren bien.

Mi abuela Dacia, paciente y serena, me transmitió calma y seguridad. Cuando me mudé con mi pareja sin casarme, yo ya sabía que esa decisión no le agradaría. Al contárselo lloré de miedo a decepcionarla. Para mi sorpresa, me escuchó en silencio y dijo:

—Sinceramente, no me gusta… pero ¿eres feliz?

Asentí entre lágrimas.

—Entonces eso es lo importante.

Aprendí que amar también es dejar ser, que hay vínculos tan sólidos que sostienen las diferencias sin romperse y que la honestidad, aunque incomode, fortalece las relaciones.

Recibí la misma lección de mi padre. Tras dejar Arquitectura, estudió Teología en un seminario imponente. Desde su ventana veía un barrio humilde: criaturas jugando, ancianas sentadas delante de las puertas. Allí entendió que su lugar no estaba en los libros ni en los ritos, sino en vivir la fe en contacto con la gente. Entonces pidió permiso para trabajar en el barrio, pero la respuesta fue clara: su destino estaba trazado. Tras días de debate interno, **eligió la autenticidad**: dejó el seminario y siguió su vocación, trabajando con personas en exclusión social. Su entorno no lo entendió; muchos lo criticaron, pero él supo que la verdadera vocación no siempre coincide con las expectativas ajenas.

Mi padre me enseñó que abrirse a lo que viene implica asumir riesgos, renunciar a algo para ganar otra cosa, enfrentar la incomprensión y sostener la brújula interna, incluso contra viento y marea.

Mi abuela y mi padre me mostraron dos formas de amar que se tocan: una, el respeto que deja ser; otra, el coraje que cruza la calle y mantiene la coherencia. Ambas resumen lo que significa vivir con integridad: mirarte al espejo y reconocer que, aunque el resultado sea incierto, estás donde necesitas estar.

Abrirse a lo que viene no es buscar permiso: es empezar a dártelo.

Caminar con coherencia

Vivimos rodeadas de ruido. No siempre externo, también interno: pensamientos que no paran, comparaciones que nos hacen sentir insuficientes, exigencias que se cuelan en cada *scroll*. **Ese ruido nos desconecta de lo más esencial.** Nos mantiene ocupadas, ansiosas, adormiladas, no presentes en nosotras mismas ni en nuestra propia vida. **Así dejamos de cuidar aquello que realmente importa: nuestro propio jardín.**

A veces creemos que cambiar significa tomar grandes decisiones o dar giros drásticos, **pero la transformación ocurre en lo cotidiano, en pequeños actos de cuidado y cohe-**

rencia. Si no atendemos lo esencial, el alma se marchita. Y no siempre por desinterés, sino por cansancio o costumbre, por cuidar a todos menos a nosotras mismas.

Gemma lo comprendió. Llegó a consulta agotada, harta de compararse y de sentirse estancada. Pasaba horas en las redes, viendo vidas que le parecían más luminosas que la suya. Le propuse un gesto sencillo: desinstalar las aplicaciones durante una semana y comprarse una planta, a la que dedicaría su energía cada vez que sintiera la necesidad de mirar el móvil. Al principio lo hizo como experimento, pero días después me escribió:

Regar el jardín es eso: volver al presente
y cuidar de lo que depende de ti.

No se trata de anhelar la perfección ni de mantenerlo siempre verde, sino de **volver cada día a lo esencial**: qué necesita agua, qué florece y qué requiere poda o incluso arrancarse. Eso es asumir responsabilidad por lo propio, decirle a la vida: «Estoy aquí y me hago cargo».

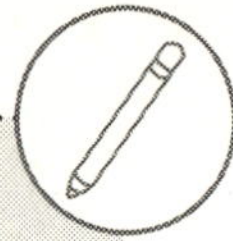

Riega tu jardín

Piensa en los tres jardines de tu vida: tu jardín interno, tu jardín relacional y tu jardín del propósito.

- **El jardín interno:** Pensamientos, emociones, cuerpo, espiritualidad. (Por ejemplo: mi descanso, mi salud, mi diálogo interno, las cosas que me digo).
- **El jardín relacional:** Personas y vínculos significativos. (Por ejemplo: mis hijos, mis amigas, mis padres, mi pareja).
- **El jardín del mundo:** Aquello en lo que aportas o contribuyes. (Por ejemplo: mi trabajo, un proyecto solidario, una causa que me conmueve).

Anota qué parte de cada uno está pidiendo atención.
- ¿Qué te parece que estás descuidando últimamente?
- ¿Qué florece sin que te des cuenta?
- ¿Qué necesita poda, pausa o silencio?

Durante esta semana, elige una acción para regar cada uno. Algo concreto, posible y real: dormir una hora más, escribir un mensaje sincero, salir a caminar sin auriculares, desconectarte de las pantallas dos horas antes de ir a dormir y leer dos páginas de un libro de esos que has puesto a la cola por falta de tiempo. Haz solo un gesto consciente cada día. Y anota cómo te has sentido al hacerlo.

Cada acción de cuidado es una forma
de decirle a la vida: «Estoy presente y cuido
lo que amo».

A veces no nos damos cuenta de cuánto nos vaciamos cada día. En uno de mis talleres muestro el vídeo *The Poker Chip Story*, del educador Rick Lavoie, que usa fichas de póker como metáfora de la autoestima. Estas representan la reserva interna de valía, confianza y seguridad. El día a día es como una partida; una palabra amable, un logro, un gesto de respeto nos aportan fichas; una crítica injusta, una pérdida, el estrés o el rechazo nos las quitan.

Me gusta esta metáfora porque refleja también lo que ocurre en los cambios, sobre todo en los inesperados o dolorosos. Nos obligan a jugar la partida con las fichas que tenemos. Hay días en los que empezamos con la sensación de estar a medias: hemos dormido mal, tenemos la mente saturada, sentimos miedo o incertidumbre que nos drenan. Otras veces, alguien o algo nos quita fichas sin aviso: una conversación incómoda, un cambio inesperado, una ruptura, una enfermedad o una decisión difícil.

Como decía en el capítulo 1, **entre la vida y nosotras hay un trueque constante**. No siempre podemos evitar perder fichas, pero sí decidir cómo jugamos la partida. Podemos reservar algunas para nosotras mismas, dejar de apostar en lo que no depende de nosotras y usar la energía de la que disponemos para sostenernos durante el proceso.

Regar el jardín y cuidar las fichas son, en esencia, lo mismo: atender a lo esencial para no quedarnos vacías en medio del cambio. Lo primero cuida las raíces; lo segundo cuida la energía que las mantiene vivas. Ambos requieren presencia, consciencia y elección.

EJERCICIO

Las fichas de tu vida

Imagina que al comenzar el día tienes **diez fichas de póker en las manos**. Cada una representa tu energía, tu tiempo, tu atención y tu capacidad de afrontar la vida. Entrégalas poco a poco a lo que demanda tu vida: al trabajo, a la familia, a las preocupaciones, a las comparaciones, a las expectativas de los demás, a los imprevistos que aparecen sin pedir permiso. Al llegar la noche, detente un momento y observa dónde están tus fichas.

- ¿A qué situaciones se las has entregado?
- ¿Has guardado alguna para ti?

Si no es así, mañana prueba a reservar una desde el principio. **Como un acto no de egoísmo, sino de responsabilidad.** Porque, si entregas todas las fichas al cambio, este te arrasa. Sin embargo, si te guardas aunque sea una sola, aún tienes con qué volver a jugar. **Una ficha para ti, para regar tu propio jardín.**

Cuando te sientas perdida, abrumada o fuera de control, recuerda:

- **Estar dispuesta a la incertidumbre abre la puerta a lo posible.** Nada es seguro, pero fluir adaptándonos al cambio nos permite seguir viviendo.
- **Responder con consciencia, no reaccionar por miedo.** Actuar desde lo que somos, no desde lo que tememos, es un acto de madurez.
- **El propósito es la luz que te guía.** No se trata de llegar perfecta, sino de avanzar fiel a lo que te da sentido.
- **La vida no es una línea, es una danza.** Cada cambio transforma; estar presente es la manera más honesta de seguir.

Porque, al final, vivir no es controlar
lo que ocurre, sino aprender a moverse
con lo que llega, sin perderse
a una misma en el intento.

EPÍLOGO

La tarde del 15 de octubre de 2018, cuando supe que Inés había muerto, el mundo se paró y yo me rompí. No hubo accidente ni diagnóstico previo. Nada que anticipara ese final. Simplemente, diez días antes de nacer, su corazón dejó de latir. Y con él, también se detuvo el mío. O al menos esa fue mi sensación. Yo también morí de alguna forma. De repente, estaba sola en una habitación de hospital con el corazón roto, el alma astillada y una vida nueva que no había elegido, ni quería, por delante. Esa existencia que era la mía, la que yo tenía, y todo lo que había imaginado ya no encajaban en la que de ese momento en adelante era. **Es.**

No te cuento esto para arrancarte una lágrima o caer en el tono lastimero, sino porque este libro no existiría sin esa experiencia. Y sin ella, quizá nunca habría entendido tan profundamente lo que significa que todo cambia, todo tiene un final, todo muere literal o figuradamente, y se transforma. Sin haber vivido el duelo de mi hija, ese antes y después que ni siquiera sabía poner en palabras, quizá no habría descubierto con tanta claridad que los cambios no son eventos aislados, sino parte de un ciclo que nos atraviesa por dentro, de una rueda en la que ya estamos por el hecho de estar vivas, aunque no queramos.

A veces me preguntan si he aceptado lo que pasó y yo no sé muy bien qué responder porque la palabra «aceptar» se me ha quedado pequeña. Me da la impresión de que se ha vuelto muy popular, pero que en realidad no hemos entendido de qué va exactamente. Se ha vuelto fórmula, tiene ese aroma a frase hecha en según qué contextos. Es como si aceptar fuera el punto de llegada, la meta, un «Bueno, ya está. Ya pasó y lo superé». Se me antoja, en este caso, como si llegar a aceptar algo hiciese que doliera menos. Como si tuviera que venir con una moraleja, una enseñanza, una utilidad, porque todo pasa por algo. Entonces llego a la conclusión de que yo no he aceptado la muerte de mi hija ni el amasijo de cambios que trajo consigo en mí y en mi vida como quien acepta un mal resultado en un examen. **La transité. La sigo transitando.**

Y en ese proceso entendí que la vida no es solo vida, sino, como opina C. P. Estés, vida-muerte-vida. Como dicen las culturas ancestrales, como lo intuye cualquier persona que ha tenido el valor de mirar de frente la finitud, la pérdida, la transformación o el cambio gradual o radical, la vida es un ciclo de inicios, finales y renacimientos. De vínculos que se rompen y mueren, y otros que nacen. De trabajos, identidades, ciudades, cuerpos, amistades, hijos o hijas, deseos… que aparecen, crecen, cambian y se van. Como olas en el mar.

A lo largo de este libro hemos hablado del cambio que nos zarandea, nos sacude o supone un cataclismo. De lo esperado y de lo inesperado. De lo deseado y de lo indeseado. Hemos hablado de lo que el cuerpo habla, de lo que siente antes de que tú lo comprendas. Del contexto, que lo agrava o lo alivia. De la historia que te atraviesa, de las creencias que heredaste y del momento vital en el que te pilla. Y ahora, al llegar al final, te propongo dar un paso más. **Quiero que mires el cambio no como algo que tienes que aceptar para superarlo, sino como una llamada a estar viva.**

Porque si algo me ha enseñado Inés es esto: **la muerte también forma parte de la vida**. Y todo cambio, toda transformación, por pequeño o inmenso que sea, nos conecta con esa verdad. **Nos recuerda que nada es para siempre y, a la vez, que todo deja huella. Que cada adiós es también una puerta.**

Que vivir es estar en constante transición.

Entonces, cuando la pregunta deja de ser «¿Cómo hago para aceptar esto y seguir adelante?» y se convierte en «¿Cómo puedo habitar esto, permitir que me transforme y encontrarle sentido sin exigirme que me guste, que sea fácil, rápido o que duela menos de lo que en realidad me duele?», no se trata de positivismo (líbreme quien sea de caer en ello). No se trata de abrazar el cambio como una oportunidad con música de fondo y caritas sonrientes. No. Se trata de aprender a sostener el dolor sin que nos hunda, de reconocer que, incluso en medio de la mierda más absoluta, seguimos respirando. Seguimos siendo. Seguimos amando. **Y eso, aunque parezca poco, es una forma de esperanza radical.**

En todo este proceso aprendí otra cosa, que muchas de las personas que llegan a mi consulta también terminan descubriendo: la verdadera dificultad no reside solo en lo que pasa, sino en lo que eso significa para ti y, sobre todo, en la presión interna y externa de tener que hacer algo valioso con ello. A veces, el cambio es tan brutal, tan injusto, tan inesperado, que no hay manera humana de encontrarle un «para qué» sin que suene a burla. A veces no hay propósito. A veces lo único que podemos hacer es seguir respirando, llorar cuando toque, caminar cuando podamos y sostenernos en lo poco que sigue en pie. **Y, sin embargo, incluso ahí, ocurre algo.** Algo silencioso, íntimo, que se va cociendo a fuego lento o tiene lugar de repente dentro de ti. Algo que no sería posible si no te hubieras roto, mucho o un poco. Si la vida no te hubiese zarandeado, sacudido o hecho trizas. Esto es el ciclo de la vida-cambio-vida, la vida misma.

Para mí lo esperanzador no es que todo salga bien, que te aporte una enseñanza o un lado positivo ni que el dolor te haga más fuerte. Tampoco que el tiempo lo cure todo. **Lo verdaderamente esperanzador es que existe una forma de caminar con el dolor como compañero sin desmoronarte por completo.** Existe una manera de mirar de frente lo que duele, atravesarlo conscientemente y aprender a vivir con ello sin que te lleve por delante. Aunque duela. Aunque dé miedo. Aunque no haya luz al final del túnel, sino otra curva más. Para mí, esa es la esperanza. No una promesa de que todo mejorará.

La certeza de que puedes sostenerte incluso cuando no mejora. Y que puedes reconstruirte con las piezas que queden, aunque no sean las mismas de antes.

Mientras escribo estas líneas recuerdo que, esta mañana, una persona me dijo en consulta una frase que se me quedó clavada: «En esta semana que ha pasado, algo me ha hecho clic. Me doy cuenta de cuántas cosas me importaban que en realidad no tienen ninguna importancia». Esto lo comentó después de que su madre hubiese recibido un diagnóstico de cáncer. Y es que, cuando la vida te sacude así, lo ves clarinete. Antes te peleabas con tu pareja por cómo meter los platos en el lavavajillas. No querías salir en la foto porque te habías levantado con ojeras. Sufrías por no alcanzar los *likes* y seguidores en la red social de turno o porque no te entraba el pantalón del invierno pasado porque te habías pegado el verano comiendo lo que te había salido del pie. Y luego todo pierde peso, se cae, y te posee el don de la relatividad (que no tiene nada que ver con Einstein, o a lo mejor sí, pero no soy física).

Entonces lo que queda es otra cosa: el asombro de seguir aquí, el miedo de perder lo que amas. Y queda una verdad que rara vez nos atrevemos a mirar de frente:

Memento mori. Memento vivere.
Recuerda que morirás. Recuerda vivir.

Vas a morir. Voy a morir. Todo se acabará algún día, pero hoy estás viva. Ahora estás viva. Estoy viva (espero, o quizá ya no). Sé que puede sonar brutal, pero es así. Y los cambios, incluso los más pequeños y cotidianos, como que un vaso se te resbale de las manos y al caer se haga añicos, nos lo recuerdan. Como una ruptura afectiva, el fin de un trabajo, una mudanza, un cambio en el cuerpo, que tus hijos crezcan y ya no te necesiten como antes. Cuando pierdes tu cartera o entran a robar en tu casa y se llevan el anillo que tu abuela te dio con todo su amor. Todo eso nos dice, de forma más o menos evidente, que nada es eterno, todo se transforma, y algunas cosas terminan.

Ese recordatorio, aunque doloroso, también puede ser una llamada a mirar lo que sí hay, a valorar lo que aún está. **A entender que vivir siendo consciente de la finitud de las cosas, de la impermanencia, no es pesimismo, sino lucidez.**

Sé que un día dejaré de ver a las personas que amo, y ellas a mí, que tal vez jamás me volveré a topar con la mariposa majestuosa y gigantesca que estaba en mi patio esta mañana y que mi pareja dejará de avisarme para que acuda corriendo a presenciar la belleza de la vida en lo cotidiano porque, o bien él ya no esté, o ya no tenga a quién llamar. Que el petirrojo que viene a visitarme y rondarme mientras escribo quizá mañana deje de hacerlo o quizá sea yo quien deje de esperar a que venga. Y entonces ¿qué hacemos con eso? ¿Nos hundimos en un nihilismo gris en el que nada tiene valor porque todo se acaba? ¿O usamos esa consciencia para **vivir más despiertas, más presentes, más en contacto con lo que importa**?

Ahí está la propuesta de este libro. **No se trata de ver el cambio como una oportunidad con lacito, sino como una parte inevitable de estar viva.** Como la manifestación más clara de que nos encontramos en tránsito, en proceso, en danza constante con la vida.

Porque todo cambia, y tú también. Porque, cuando nada es seguro, todo es posible. Porque, a pesar de la inseguridad y de la incertidumbre, aquí estamos. Y porque incluso en el caos hay posibilidad. No de eliminar el dolor, sino de sostenerlo con humanidad. Eso es transitar el cambio sin perderte en el intento, ese es el hilo que ha sostenido este libro, y también a mí. Y si algo espero que se te quede grabado al pasar la última página es esto: lo que estás sintiendo tiene sentido, lo que has vivido merece ser reconocido y lo que venga lo atravesarás como puedas. Y con eso basta. **Esto no es un cierre, es un punto y seguido.** Porque si hay algo que tengo claro después de todo lo vivido, después de Inés, después de la muerte, después del parto, después del renacimiento, es que **el cambio no se supera: se transita y se integra. Y al hacerlo, tú también te transformas.**

Mientras escribo estas últimas líneas, un grillo canta a todo pulmón en mi jardín. Su melodía resiste a la llegada del otoño como si quisiera recordarme que nada termina de golpe: todo se transforma poco a poco, cada estación trae su música y su silencio. Sé que pronto dejaré de escucharlo y que me invadirá un pequeño vacío cuando ya no esté, pero también que, en su ausencia, se abrirá el espacio para otros sonidos.

La vida es así. Se despide de algunas cosas para abrir paso a otras. Y tú también. Nosotras seguimos con la memoria, que hace las veces de mochila cargada de recuerdos, con el corazón invadido por momentos de nostalgia y con la certeza de que, aunque no podamos evitar los cambios, sabremos aprender a habitarlos.

Si has llegado hasta aquí, gracias. **Gracias por leer, por acoger, por sentir, por sostener.** Y si nadie te lo ha dicho hoy: **gracias por estar y por ser quien eres.** Ojalá lo que se acaba en tu vida encuentre su lugar de otro modo y lo que comienza te encuentre dispuesta a vivirlo. Que cada capítulo, cada ausencia y cada alegría te acompañen y te transformen.

Porque, al final, continuar escribiendo tu historia es la manera más hermosa de seguir viviendo.

BIBLIOGRAFÍA

Introducción

Chatimah, Chusnul, Indah Dwi Pratiwi y Chairul Huda Al Husna, «Correlation between trauma and injury severity score and prognosis in patients with trauma», *Journal of Taibah University Medical Sciences,* 16 (6), 2021, pp. 807-811, <https://doi.org/10.1016/j.jtumed.2021.06.005>.

Danielsson, F. B., *et al.,* «Quality of life and level of post-traumatic stress disorder among trauma patients: A comparative study between a regional and a university hospital», *Scandinavian Journal of Trauma, Resuscitation and Emergency Medicine,* 26, 44, 2018, <https://doi.org/10.1186/s13049-018-0507-0>.

Feiler, Bruce, *Transiciones: Cómo sobrellevar los cambios de la vida,* Urano, 2022.

Hayes, Steven C., *Sal de tu mente, entra en tu vida: La nueva terapia de aceptación y compromiso,* Desclée de Brouwer, 2013.

Kachadourian, Lorig K., *et al.,* «Not all traumas are created equal: Phenotypic heterogeneity of PTSD symptoms in relation to index traumas in U.S. military veterans», *Journal of Affective Disorders,* 340, 2023, pp. 728-731, <https://doi.org/10.1016/j.jad.2023.08.012>.

Kube, Tobias, Anna Caroline Elssner y Philipp Herzog, «The relationship between multiple traumatic events and the severity of posttraumatic stress disorder symptoms – evidence for a cognitive link», *European Journal of Psychotraumatology,* 14 (1), 2023, <https://doi.org/10.1080/20008066.2023.2165025>.

Kul, A. T., y Ibrahim Gündoğmuş, «The effect of trauma type on the severity of Post-Traumatic Stress Disorder (PTSD) symptoms», *Archives of Clinical Psychiatry (São Paulo),* 47 (5), 2020, pp. 135-139, <https://doi.org/10.1590/0101-60830000000249>.

Metcalf, Linda, *Terapia narrativa centrada en soluciones,* Desclée de Brouwer, 2019.

Neimeyer, Robert A., *Aprender de la pérdida: Una guía para afrontar el duelo,* Bolsillo Paidós, 2019.

Ness, Patrick, *Un monstruo viene a verme: A partir de una idea de Siobhan Dowd,* Nube de Tinta, 2016.

Shetty, Jay, y Gabor Maté, «On purpose podcast: The shocking link between trauma and life expectancy», YouTube, 2024, <https://youtu.be/gsy-qmDtXuw?si=WRYlT5Ace3Z61pzi>.

1. La única certeza

Bartholomew, K., y L. M. Horowitz, «Attachment styles among young adults: A test of a four-category model», *Journal of Personality and Social Psychology,* 61 (2), 1991, pp. 226-244. <https://doi.org/10.1037/0022-3514.61.2.226>.

Conner, Daryl R., *Managing at the speed of change: How resilient managers succeed and prosper where others fail,* Random House, 1993.

Feiler, Bruce, *Transiciones: Cómo sobrellevar los cambios de la vida,* Urano, 2022.

Kübler-Ross, Elizabeth, *Sobre la muerte y los moribundos,* Grijalbo, 1994.

Lubrini, G., *et al.*, «Brain disease, connectivity, plasticity and cognitive therapy: A neurological view of mental disorders», *Neurologia,* 33 (3), 2018, pp. 187-191, <https://doi.org/10.1016/j.nrl.2017.02.005>.

Pascual-Castroviejo, I., «Plasticidad cerebral [Neuronal plasticity]», *Revista de Neurología,* 24 (135), 1996, pp. 1361-1366, <https://pubmed.ncbi.nlm.nih.gov/8974738/>.

Pennebaker, J. W., y Sandra K. Beall, «Confronting a traumatic event: Toward an understanding of inhibition and disease», *Journal of Abnormal Psychology,* 95 (3), 1986, pp. 274-281, <https://doi.org/10.1037/0021-843X.95.3.274>.

Safford, Scott M., *et al.*, «The relationship of cognitive style and attachment style to depression and anxiety in young adults», *Journal of Cognitive Psychotherapy,* 18 (1), 2004, pp. 25-41, <https://doi.org/10.1891/jcop.18.1.25.28046>.

2. Las formas del cambio y cómo nos atraviesan

Cunningham, James, *et al.*, «ICD-11 prolonged grief disorder, physical health, and somatic problems: A systematic review», *Clinical Psychology in Europe,* 7 (1), 2025, <https://doi.org/10.32872/cpe.14351>.

Didion, Joan, *El año del pensamiento mágico,* Random House, 2019.

Doka, Kenneth J., *Disenfranchised grief: Recognizing hidden sorrow.* Lexington Books, 1989.

Eisenberger, Naomi I., Matthew D. Lieberman y Kipling D. Williams, «Does rejection hurt? An fMRI study of social exclusion», *Science,* 302 (5643), 2003, pp. 290-292, <https://doi.org/10.1126/science.1089134>.

Harlow, H. F., «The nature of love», *American Psychologist,* 13 (12), 1958, pp. 673-685, <https://doi.org/10.1037/h0047884>.

Hennemann, Severin, *et al.*, «Somatic symptom distress and ICD-11 prolonged grief in a large intercultural sample», *European Journal of Psychotraumatology,* 14 (2), 2023, <https://doi.org/10.1080/200080 66.2023.2254584>.

Kiecolt-Glaser, Janice K. et al., «Emotions, morbidity, and mortality: New perspectives from psychoneuroimmunology», *Annual Reviews of Psychology,* 53 (1), 2002, pp. 83-107, <https://doi.org/10.1146/ annurev.psych.53.100901.135217>.

Kübler-Ross, Elizabeth, *Sobre la muerte y los moribundos,* Grijalbo, 1994.

Licea Puig, Manuel E., y Lizet Castelo Elías-Calles, «Andropausia», *Revista Cubana de Endocrinología,* 17 (1), 2006, <chrome-extension:// efaidnbmnnnibpcajpcglclefindmkaj/http://scielo.sld.cu/pdf/ end/v17n1/end07106.pdf>. Recuperado el 18 de noviembre de 2025 de <http://scielo.sld.cu/scielo.php?script=sci_arttext&pi-d=S1561-29532006000100007&lng=es&tlng=es>.

Michaels, Robert, «Commentary on "Seven institutionalized children and their adaptation in late adulthood: The children of duplessis"», *Guilford Press Periodicals,* 69 (4), 2006, pp. 322-339, <https://doi. org/10.1521/psyc.2006.69.4.322>.

Nakhostin-Khayyat, Mohammad, *et al.,* «The relationship between self-regulation, cognitive flexibility, and resilience among students: a structural equation modeling», *BMC Psychology,* 12, 337, 2024, <https://doi.org/10.1186/s40359-024-01843-1>.

Rademacher, Lena, *et al.,* «Individual differences in resilience to stress are associated with affective flexibility», *Psychological Research,* 87, 2023, pp. 1862-1879, <https://doi.org/10.1007/s00426-022-01779-4>.

Rutter, Michael, «Developmental catch-up, and deficit, following adoption after severe global early privation», *The Journal of Child Psychology and Psychiatry,* 39 (4), 2003, pp. 465-476, <https://doi. org/10.1111/1469-7610.00343>.

Shaver, Phillip R., y Mario Mikulincer, «Adult attachment strategies and the regulation of emotion», en James J. Gross (ed.), *Handbook of emotion regulation*, The Guilford Press, 2007, pp. 446-465.

Spikol, Eric, *et al.,* «Flexible emotional regulation typology: Associations with PTSD symptomology and trait resilience», *BMC Psychology,* 12, 79, 2024, <https://doi.org/10.1186/s40359-024-01573-4>.

Thege Barna Konkolÿ, *et al.,* «Mediators between bereavement and somatic symptoms», *BMC Family Practice,* 13, 59, 2012, <https://doi.org/10.1186/1471-2296-13-59>.

Tronick, Edward, *Tronick's Still Face Experiment,* Youtube, 1975, <https://www.youtube.com/watch?v=f1Jw0-LExyc>.

Vaillant, George E., *Triumphs of Experience: The Men of the Harvard Grant Study,* The Belknap Press of Harvard University Press, 2012, <https://doi.org/10.4159/harvard.9780674067424>.

Vignaud, Philippe, *et al.,* «Examining the impact of physiological stress on time perception: A systematic review and meta-analysis», *Neuroscience & Biobehavioral Reviews,* 178 (106382), 2025, <https://doi.org/10.1016/j.neubiorev.2025.106382>.

Worden, J. William, *El tratamiento del duelo: Asesoramiento psicológico y terapia,* Paidós, 2022.

Zabian, Najwa, *The Only Constant,* Harmony, 2024.

3. No es solo lo que pasó, es lo que significa para ti y para tus circunstancias

American Psychiatric Association, *Diagnostic and Statistical Manual of Mental Disorders (DSM5TR),* American Psychiatric Association, 2022.

Antonovsky, Aaron, *Unraveling the Mystery of Health: How People Manage Stress and Stay Well,* Jossey-Bass Inc., 1987.

Beck, Aaron T., *Terapia cognitiva de la depresión*, Desclée De Brouwer, 1992.

Brody, L. R., y J. A. Hall,, «Gender, emotion, and expression», en M. Lewis y J. M. Haviland-Jones (eds.), *Handbook of Emotions: Part IV: Social/Personality Issues*, Guilford Press, 2000, pp. 325-414.

Bronfenbrenner, Urie, *La ecología del desarrollo humano*, Paidós, 2002.

Cyrulnik, Boris, *Psicoterapia de Dios*, Gedisa, 2024.

Doka, Kenneth J., y Terry L. Martin, *Men Don't Cry… Women Do*, Routledge, 2014, <https://doi.org/10.4324/9781315784472>.

Elder, Glen H., y August Flammer, *Autoeficacia: Cómo afrontamos los cambios de la sociedad actual*, en Albert Bandura (ed.), Desclée de Brouwer, 1999.

Ellis, Albert, *Terapia racional emotiva*, Pax México, 2006.

Fivush, Robyn, *et al.*, «Gender differences in parent–child emotion narratives», *Sex Roles: A Journal of Research*, 42, 2000, pp. 233-253, <https://doi.org/10.1023/A:1007091207068>.

Folkman, Susan, y Judith Tedlie Moskowitz, «Coping: Pitfalls and promise», *Annual Reviews of Psychology*, 55, 2004, pp. 745-774, <https://doi.org/10.1146/annurev.psych.55.090902.141456>.

Lazarus, Richard S., y Susan Folkman, *Estrés y procesos cognitivos*, Martínez Roca, 1986.

McEwen, Bruce S., «Protective and damaging effects of stress mediators», *The New England Journal of Medicine*, 338 (3), 1998, pp. 171-179, <DOI: 10.1056/NEJM199801153380307>.

Ortega y Gasset, José, *Meditaciones del Quijote*, Cátedra, 2005.

Piff, Paul K., *et al.*, «Higher social class predicts increased unethical behaviour», *Proceedings of the National Academy of Sciences of the United States of America*, 109 (11), 2012, pp. 4086-4091, <https://doi.org/10.1073/pnas.1118373109>.

Siegel, Daniel J., *Mindsight: La nueva ciencia de la transformación personal,* Kairós, 2011.

Taylor, S. E., «Tend and befriend: Biobehavioral bases of affiliation under stress», *Current Directions in Psychological Science,* 15 (6), 2006, pp. 273–277, <https://doi.org/10.1111/j.1467-8721.2006.00451.x>.

Taylor, S. E., L. C. Klein, B. P. Lewis *et al.,* «Biobehavioral responses to stress in females: Tend-and-befriend, not fight-or-flight», *Psychological Review,* 107 (3), 2000, pp. 411-429, <https://doi.org/10.1037/0033-295X.107.3.411>.

World Health Organization, *International classification of diseases, 11th revision (ICD11),* World Health Organization, 2022.

4. Cuando lo nuevo todavía no encaja

Gilbert, Daniel T., y Timothy D. Wilson, «Prospection: Experiencing the future», *Science,* 317 (5843), 2007, pp. 1351–1354, <https://doi.org/10.1126/science.1144161>.

Hayes, Steven C., Kirk Strosahl y Kelly G. Wilson, *Terapia de aceptación y compromiso (ACT): Un tratamiento conductual orientado a los valores,* Desclée de Brouwer, 2014.

Lazarus, Richard S., y Susan Folkman, *Stress, Appraisal, and Coping,* Springer Publishing Company, 1984.

Luoma, Jason B., Steven C. Hayes y Robyn D. Walser, *Learning ACT: An Acceptance & Commitment Therapy Skills-Training manual for therapists,* New Harbinger, 2008.

Nolen-Hoeksema, Susan, «Responses to depression and their effects on the duration of depressive episodes», *Journal of Abnormal Psychology,* 100 (4), 1991, pp. 569-582, <https://doi.org/10.1037/0021-843X.100.4.569>.

Platón, *República,* Libro VII, Gredos, 1992.

Shapiro, S., *Terapia de desensibilización y reprocesamiento mediante movimientos oculares. Principios básicos, protocolos y procedimientos*, EMDR Biblioteca, 2018.

Siegel, Daniel J., *La mente en desarrollo: Cómo interactúan las relaciones y el cerebro para moldear nuestro ser*, Desclée de Brouwer, 2007.

Van der Kolk, Bessel, *El cuerpo lleva la cuenta: Cerebro, mente y cuerpo en la superación del trauma*, Eleftheria, 2015.

White, Michael, *Reescribir la vida: Entrevistas y ensayos*, Gedisa, 2009.

5. Sentir sin quedarse atrapada

Aldao, Amelia, Susan Nolen-Hoeksema y Susanne Schweizer, «Emotion-regulation strategies across psychopathology: A meta-analytic review», *Clinical Psychology Review*, 30 (2), 2010, pp. 217-237, <https://doi.org/10.1016/j.cpr.2009.11.004>.

BRB Internacional & Nippon Animation (Productores), *D'Artacán y los tres mosqueperros*, 1981-1982, <https://www.imdb.com/es/title/tt0083780/>.

Ciarrochi, Joseph V., Louise Hayes y Ann Bailey, *Sal de tu mente, entra en tu vida para adolescentes: Una guía para vivir una vida extraordinaria*, Desclée de Brouwer, 2016.

Coan, James A., Hillary S. Schaefer y Richard J. Davidson, «Lending a hand: Social regulation of the neural response to threat», *Association for Psychological Science*, 17 (12), 2006, pp. 1032-1039, <https://doi.org/10.1111/j.1467-9280.2006.01832.x>.

David, Susan, *Agilidad emocional: Rompe tus bloqueos, abraza el cambio y triunfa en el trabajo y la vida*, Sirio, 2018.

Decety, Jean, y David H. Ingvar, «Brain structures participating in mental simulation of motor behavior: A neuropsychological interpreta-

tion», *Acta Psychologica*, 73 (1), 1990, pp. 13-34, <https://doi.org/1
0.1016/0001-6918(90)90056-L>.

Decety, Jean, y Philip L. Jackson, «The functional architecture of human
empathy», *Behavioral and Cognitive Neuroscience Reviews*, 3 (2), 2004,
pp. 71-100, <https://doi.org/10.1177/15345820304267187>.

Dijkstra, Nadine, *et al.*, «A neural basis for distinguishing imagination
from reality», *Neuron*, 113 (15), 2025, pp. 2536-2542, <https://doi.
org/10.1016/j.neuron.2025.05.015>.

Eisenberger, Naomi I., y Matthew D. Lieberman, «Why it hurts to be
left out: The neurocognitive overlap between physical and social
pain», en K. D. Williams, J. P. Forgas y W. von Hippel (eds.), *The
Social Outcast: Ostracism, Social Exclusion, Rejection and Bullying*, Psychology Press, 2005, pp. 109-127.

Gilbert, Paul, *The Compassionate Mind: A New Approach to Life's Challen-
ges*, New Harbinger, 2010.

Hayes, Steven C., Kirk Strosahl y Kelly G. Wilson, *Terapia de aceptación
y compromiso (ACT): Un tratamiento conductual orientado a los valores*,
Desclée de Brouwer, 2014.

Kabat-Zinn, Jon, *Vivir con plenitud las crisis*, Kairós, 2016.

Kashdan, Todd B., *et al.*, «Experiential avoidance as a generalized psychological vulnerability: Comparisons with coping and emotion
regulation strategies», *Behaviour Research and Therapy*, 44 (9), 2006,
pp. 1301-1320, <https://doi.org/10.1016/j.brat.2005.10.003>.

Lieberman, Matthew D., *et al.*, «Putting feelings into words: Affect
labeling disrupts amygdala activity in response to affective stimuli», *Association for Psychological Science*, 18 (5), 2007, pp. 421-428,
<https://doi.org/10.1111/j.1467-9280.2007.01916.x>.

Neff, Kristin D., «Self-compassion: An alternative conceptualization of
a healthy attitude toward oneself», *Self and Identity*, 2 (2), 2003, pp.
85-101. <https://doi.org/10.1080/15298860309032>.

Neff, Kristin D., y Christopher K. Germer, «A pilot study and rando-mized controlled trial of the Mindful Self-Compassion program», *Journal of Clinical Psychology,* 69 (1), 2013, pp. 28-44, <https://doi.org/10.1002/jclp.21923>.

Neimeyer, Robert A., *Aprender de la pérdida: Una guía para afrontar el duelo,* Bolsillo Paidós, 2019.

Singer, Tania, y Claus Lamm, «The social neuroscience of empathy», *Annals of the New York Academy of Sciences,* 1156 (1), 2009, pp. 81-96, <https://doi.org/10.1111/j.1749-6632.2009.04418.x>.

Wegner, D. M., *et al.,* «Paradoxical effects of thought suppression», *Journal of Personality and Social Psychology,* 53 (1), 1987, pp. 5-13, <https://doi.org/10.1037/0022-3514.53.1.5>.

Zak, Paul J., Angela A. Stanton y Sheila Ahmadi, «Oxytocin increases generosity in humans», *PLOS ONE,* 2 (11), 2007, <https://doi.org/10.1371/journal.pone.0001128>.

6. Aceptar sin rendirse

Bonanno, George A., *The other side of sadness: What the new science of be-reavement tells us about life after loss,* Basic Books, 2009.

Bonanno, George A.,y Charles L. Burton, «Regulatory flexibility: An individual differences perspective on coping and emotion regula-tion», *Perspectives on Psychological Science,* 8 (6), 2013, pp. 591-612, <https://doi.org/10.1177/1745691613504116>.

David, Susan, *Agilidad emocional: Rompe tus bloqueos, abraza el cambio y triunfa en el trabajo y la vida,* Sirio, 2018.

Eger, Edith, *La bailarina de Auschwitz,* Planeta, 2018.

Harris, Russ, *La trampa de la felicidad: Libérate de la ansiedad. Empieza a vivir mejor,* 2023, Planeta.

Hayes, Steven C., *Sal de tu mente, entra en tu vida: La nueva terapia de aceptación y compromiso,* Desclée de Brouwer, 2013.

Hayes, Steven C., Kirk Strosahl y Kelly G. Wilson, *Terapia de aceptación y compromiso (ACT): El proceso y la práctica del cambio consciente,* Desclée de Brouwer, 2014.

Kabat-Zinn, Jon, *Vivir con plenitud las crisis,* Kairós, 2016.

Kashdan, Todd B., y Jonathan Rottenberg, «Psychological flexibility as a fundamental aspect of health», *Clinical Psychology Review,* 30 (7), 2010, pp. 865-878, <https://doi.org/10.1016/j.cpr.2010.03.001>.

Levin, M. E., *et al.,* «Examining psychological inflexibility as a transdiagnostic process across psychological disorders», *Journal of Contextual Behavioral Science,* 3 (3), 2014, pp. 155-163, <https://doi.org/10.1016/j.jcbs.2014.06.003>.

Maier, S. F., y Martin E. P. Seligman, «Learned helplessness at fifty: Insights from neuroscience», *Psychological Review,* 123 (4), 2016, pp. 349-367, <https://doi.org/10.1037/rev0000033>.

Neff, Kristin D., *Sé amable contigo mismo: El arte de la compasión hacia uno mismo,* Paidós, 2024.

Neimeyer, R. A., *Meaning Reconstruction and the Experience of Loss,* American Psychological Association, 2001.

Puolakanaho, Anne, *et al.,* «Reducing stress and enhancing academic buoyancy among adolescents using a brief web-based program based on Acceptance and Commitment Therapy: A randomized controlled trial», *Journal of Youth and Adolescence,* 48, 2019, pp. 287-305, <https://doi.org/10.1007/s10964-018-0973-8>.

Ramaci, Tiziana, *et al.,* «Psychological flexibility and mindfulness as predictors of individual outcomes in hospital health workers», *Frontiers in Psychology,* 10, 2019, <https://doi.org/10.3389/fpsyg.2019.01302>.

Rotter, J. B., «Generalized expectancies for internal versus external control of reinforcement», *Psychological Monographs: General and Applied*, 80 (1), 1966, pp. 1-28, <https://doi.org/10.1037/h0092976>.

Russo, Angela, *et al.*, «Psychological flexibility as a resource for preventing compulsive work and promoting well-being: a JD-R framework study», *International Journal of Organizational Analysis*, 33, (12), 2025, pp. 18-34, <https://doi.org/10.1108/IJOA-09-2024-4834>.

Seligman, Martin E. P., *Indefensión*, 1991, Debate.

Siegel, Daniel J., *The Mindful Therapist: A Clinician's Guide to Mindsight and Neural Integration*, W. W. Norton, 2010.

Stroebe, Margaret, y Henk Schut, «The dual process model of coping with bereavement: Rationale and description», *Death Studies,* 23 (3), 1999, pp. 197-224, <https://doi.org/10.1080/074811899201046>.

Tedesci, Richard G., y Lawrence G. Calhoun, «The posttraumatic growth inventory: Measuring the positive legacy of trauma», *Journal of Traumatic Stress,* 9 (3), 1996, pp. 455-471, <https://doi.org/10.1002/jts.2490090305>.

Wilson, Kelly G., *Terapia de aceptación y compromiso (ACT): Un tratamiento conductual orientado a los valores*, Pirámide, 2002.

7. Recolocar lo que fue en el ahora

American Psychological Association, *Manual de publicaciones de la American Psychological Association* (7.ª ed.), Caribbean University, 2021, <https://www.caribbean.edu/Base_de_datos/Nuevas_Normas_del_Manual_APA7.pdf>.

Boelen, P. A., Jos de Keijser y Geert Smid, «Cognitive-behavioral variables mediate the impact of violent loss on post-loss psychopathology», *Psychological Trauma: Theory, Research, Practice, and Policy,* 7 (4), 2015, pp. 382-390, <https://doi.org/10.1037/tra0000018>.

Boss, Pauline, *La pérdida ambigua: Cómo aprender a vivir con un duelo no terminado*, Gedisa, 2001.

Eisma, Maarten C., *et al.*, «Is rumination after bereavement linked with loss avoidance? Evidence from eye-tracking», *PLOS ONE*, 9 (8), 2014, <https://doi.org/10.1371/journal.pone.0104980>.

Eisma, Maarten C., y L. I. M. Lenferink, «Co-occurrence of approach and avoidance in prolonged grief: A latent class analysis», *European Journal of Psychotraumatology*, 14 (2), 2023, <https://doi.org/10.1080/20008066.2023.2190544>.

Figueira, Jessica S. B., *et al.*, «An unpleasant emotional state reduces working memory capacity: Electrophysiological evidence», *Social Cognitive and Affective Neuroscience*, 12 (6), 2017, pp. 984-992, <https://doi.org/10.1093/scan/nsx030>.

Gross, James J., «Emotion regulation: Affective, cognitive, and social consequences», *Psychophysiology*, 39 (3), 2003, pp. 281-291, <https://doi.org/10.1017/S0048577201393198>.

Hayes, Steven C., Kirk Strosahl y Kelly G. Wilson, *Terapia de aceptación y compromiso (ACT): El proceso y la práctica del cambio consciente*, Desclée de Brouwer, 2014.

Hewson, Helen, *et al.*, «The impact of continuing bonds following bereavement: A systematic review», *Death Studies*, 48 (10), 2024, pp. 1001-1014, <https://doi.org/10.1080/07481187.2023.2223593>.

Klass, Dennis, Phyllis R. Silverman y Steven Nickman, (eds.), *Continuing bonds: New understandings of grief*, Taylor &Francis, 1996.

Morina, Nexhmedin, *et al.*, «Prospective mental imagery in patients with major depressive disorder or anxiety disorders», *Journal of Anxiety Disorders*, 25 (8), 2011, pp. 1032-1037, <https://doi.org/10.1016/j.janxdis.2011.06.012>.

Neimeyer, Robert A., *Aprender de la pérdida: Una guía para afrontar el duelo*, Bolsillo Paidós, 2019.

Troy, Allison S., Amanda J. Shallcross y Iris B. Mauss, «A person-by-situation approach to emotion regulation: Cognitive reappraisal can either help or hurt, depending on the context», *Association for Psychological Science*, 24 (12), 2013, <https://doi.org/10.1177/0956797613496434>.

Worden, J. William, *El tratamiento del duelo: Asesoramiento psicológico y terapia,* 2022, Paidós.

8. Ganar la partida a la incertidumbre

Bridges, William, *Managing Transitions: Making the Most of Change*, Da Capo Press, 2009.

Carleton, R. Nicholas, «Fear of the unknown: One fear to rule them all?», *Journal of Anxiety Disorders*, 41, 2016, pp. 5-21, <https://doi.org/10.1016/j.janxdis.2016.03.011>.

Damasio, Antonio, *Y el cerebro creó al hombre,* Destino, 2010.

Davidson, Richard J., y Sharon Begley, *The Emotional Life of Your Brain,* Penguin, 2009.

Elder, Glen H., y August Flammer, *Autoeficacia: Cómo afrontamos los cambios de la sociedad actual,* en Albert Bandura (ed.), Desclée de Brouwer, 1999.

Grupe, Dan W., y Jack B. Nitschke, «Uncertainty and anticipation in anxiety: An integrated neurobiological and psychological perspective», *Nature Reviews Neuroscience,* 14, 2013, pp. 488–501, <https://doi.org/10.1038/nrn3524>.

Hayes, Steven C., Kirk D. Strosahl y Kelly G. Wilson, *Acceptance and Commitment Therapy: The Process and Practice of Mindful Change,* Guilford Press, 2011.

Kabat-Zinn, J., «Mindfulness-based interventions in context: Past, present, and future», *Clinical Psychology: Science and Practice,* 10 (2), 2006, pp. 144-156, <https://doi.org/10.1093/clipsy.bpg016>.

Kabat-Zinn, J., *Vivir con plenitud las crisis,* Kairós, 2016.

Lieberman, Matthew D., *et al.,* «Putting feelings into words: Affect labeling disrupts amygdala activity in response to affective stimuli», *Association for Psychological Science,* 18 (5), 2007, pp. 421-428, <https://doi.org/10.1111/j.1467-9280.2007.01916.x>.

Phelps, Elizabeth A., y Joseph E. LeDoux, «Contributions of the amygdala to emotion processing: From animal models to human behavior», *Neuron,* 48 (2), 2005, pp. 175-187, <https://doi.org/10.1016/j.neuron.2005.09.025>.

Siegel, Daniel J., *The Mindful Therapist: A Clinician's Guide to Mindsight and Neural Integration,* W. W. Norton, 2010.

9. Abrirse a lo que viene

Arkes, Hal R., y Catherine Blumer, «The psychology of sunk cost», *Organizational Behavior and Human Decision Processes,* 35 (1), 1985, pp. 124-140, <https://doi.org/10.1016/0749-5978(85)90049-4>.

Camus, Albert, *El mito de Sísifo,* Random House, 2021.

Creswell, J. David, «Mindfulness interventions», *Annual Review of Psychology,* 68, 2017, pp. 491-516, <https://doi.org/10.1146/annurev-psych-042716-051139>.

Dweck, Carol, *Mindset: La actitud hacia el éxito,* Sirio, 2016.

Festinger, Leon, *A Theory of Cognitive Dissonance,* Stanford University Press, 1957.

Hayes, Steven C., Kirk Strosahl y Kelly G. Wilson, *Terapia de aceptación y compromiso (ACT): El proceso y la práctica del cambio consciente,* Desclée de Brouwer, 2014.

Hill, Patrick L., y Nicholas A. Turiano, «Purpose in life as a predictor of mortality across adulthood», *Psychological Science,* 25 (7), 2014, pp. 1482-1486, <https://doi.org/10.1177/0956797614531799>.

Kabat-Zinn, Jon, *Vivir con plenitud las crisis*, Kairós, 2016.

Kazinka, Rebecca, Angus W. MacDonald III y A. David Redish, «Sensitivity to sunk costs depends on attention to the delay», *Frontiers in Psychology*, 12, 2021, <https://doi.org/10.3389/fpsyg.2021.604843>.

Ott, Torben, *et al.*, «Apparent sunk cost effect in rational agents», *Science Advances*, 8 (6), 2022, <https://doi.org/10.1126/sciadv.abi7004>.

Reading Rockets, *When the Chips Are Down with Rick Lavoie*, Youtube, 2018, <https://www.youtube.com/watch?v=78bwTPUCBsE>.

Ryff, Carol D., «Happiness is everything, or is it? Explorations on the meaning of psychological well-being», *Journal of Personality and Social Psychology*, 57 (6), 1989, pp. 1069-1081, <https://doi.org/10.1037/0022-3514.57.6.1069>.

Ryff, Carol D., «Well-being with soul: Science in pursuit of human potential», *Perspectives on Psychological Science*, 13 (2), 2018, pp. 242-248, <https://doi.org/10.1177/1745691617699836>.

Epílogo

Estés, Clarissa Pinkola, *Mujeres que corren con los lobos: Mitos y cuentos del arquetipo de la mujer salvaje*, Vintage Español, 2000.

AGRADECIMIENTOS

Gracias, papá y mamá, por darme la vida y por enseñarme —con vuestra propia historia— que el cambio es la única constante. Por una educación rica en valores que hoy guían mis pasos, por los libros, por el pensamiento crítico y por sembrar en mí la curiosidad por comprender el mundo. Gracias por enseñarme el valor del esfuerzo, del trabajo bien hecho y de la responsabilidad, y también que ayudar a otras personas es, quizá, la misión más gratificante que existe (aunque no sea fácil).

Gracias a mis hermanos. Siempre nos quedarán *Los Goonies*. Aunque nos separen cientos de kilómetros, nos unen el humor y ese amor fraterno que no entiende de distancias.

Gracias a mi pareja y a mis tres hijos, que son lo más importante. Por ser hogar, por sostenerme con amor y ternura incluso cuando mis pensamientos estaban lejos, buscando palabras. Por recordarme, una y otra vez, que lo esencial no se escribe: se vive. Por apoyarme siempre, por enseñarme lo que importa y recordármelo cada día con gestos de cuidado y abrazos. Gracias por entender mis ausencias mientras escribía y regalarme vuestro tiempo, vuestra paciencia y vuestro amor incondicional.

Gracias, abuela Dacia. Tenías razón —como siempre— cuando decías que la vida es duelo. Espero que el cielo sea como tú esperabas. A mí se me hace difícil no poder charlar contigo como antes, aunque lo siga haciendo de otro modo. Te paseas a tus anchas por mis neuronas y por mi corazón, y a veces te me apareces en sueños para recordarme: «No me he ido, estoy aquí».

Gracias a mis amigas y amigos, por las conversaciones profundas y las risas compartidas. Por vuestro cariño sin exigencias y por respetar mis «No puedo, tengo que escribir». Por el tiempo y el amor que nos hemos regalado, aunque no sea todo el que quisiéramos. Procuraré compartir más vida, que al final se mide en cafés pendientes y abrazos por venir. A partir de ahora haremos que pase.

Gracias, Giorgia, por la paciencia y la ternura con la que me acompañaste en este viaje de escribir —y también de vivir— un libro. Por ser amiga, cómplice y compañera de fatigas. Por las conversaciones que abrieron claridad y serenidad, por tu apoyo constante y por esa escucha que siempre sabe sostener.

Gracias, Danny, por la *playlist* que acompaña este libro y por las conversaciones sobre la vida y los cambios, que me aportaron nuevas ideas y perspectivas para contar lo que quería transmitir. La música tiene la magia de sostenernos en la vida, en los cambios, y confío en que será refugio y compañía para quien la escuche mientras lee estas páginas.

Gracias, Lara, por compartir tus lecturas sobre el duelo y porque a veces quien está transitando el duelo también enseña a mirarlo con mayor amplitud, honestidad y ternura.

Gracias, Lili, por hacerme la vida más fácil y cuidarme con tanto cariño.

Gracias a la familia de mi pareja, por vuestro apoyo constante, por el ánimo y por la calidez.

Gracias a todas y cada una de las personas a las que acompaño en consulta. Agradezco vuestra confianza y haberme elegido para caminar a vuestro lado en el ascenso a vuestro propio Annapurna. No hay palabras que expresen la gratitud que siento por poder dedicarme a lo que considero mi propósito en la vida. Gracias, especialmente, a quienes me prestaron fragmentos de sus historias para crear los relatos ficcionalizados que pueblan estas páginas y así poder mostrar la teoría hecha vida.

Gracias, Cristina, mi editora. Por tu paciencia infinita, tu humanidad serena, tu calma y tu humor cómplice. Por anticiparte a los tropiezos y acompañarme con sabiduría y humor. Este camino ha sido mucho más fácil y hermoso contigo de la mano. Desde luego que esto no era una estafa. «*Habemus* libro». (Y qué viaje tan bonito hemos vivido). **Quiero agradecer también a María José y a Laura**, del equipo de edición, por vuestro trabajo en el proceso, vuestros comentarios y vuestras sugerencias. A Oriol y Verónica, de edición técnica, gracias por vuestra minuciosidad, por velar porque cada detalle estuviera en su sitio y por hacer que el libro no solo fuera comprensible, sino también elegante y sólido. Vuestra dedicación ha hecho que el contenido brille en forma y en fondo.

A la diseñadora de la portada, Cloé Porqueres, por dar forma visual a la esencia de este libro de tal forma que te abraza. **Y a la editorial Bruguera y a Penguin Random House Grupo Editorial**, por creer en que podía llevar a cabo este proyecto y ofrecerme la oportunidad, por su confianza desde el principio y por hacer posible que se cumpla uno de mis sueños.